L'ART GOURMAND DE WELLINGTON ET EN CROÛTE

Le livre de recettes ultime pour 100 plats élégants emballés

Adèle Roy

Matériel protégé par le droit d'auteur ©2023

Tous droits réservés

Aucune partie de ce livre ne peut être utilisée ou transmise sous quelque forme ou par quelque moyen que ce soit sans le consentement écrit approprié de l'éditeur et du propriétaire des droits d'auteur, à l'exception de brèves citations utilisées dans une critique . Ce livre ne doit pas être considéré comme un substitut à un avis médical, juridique ou autre conseil professionnel.

TABLE DES MATIÈRES

TABLE DES MATIÈRES 3
INTRODUCTION 6
WELLINGTON 7
   1. Bœuf Wellington Classique 8
   2. Saumon Wellington 10
   3. Wellington au bœuf et aux champignons 12
   4. Spam Wellington 14
   5. Mini Bœuf Wellington 16
   6. Pain de Viande Wellington 19
   7. Poulet Wellington 21
   8. Canard Wellington 23
   9. Agneau Wellington 25
   10. Fruits de mer Wellington 27
   11. Lotte au curry Wellington 29
   12. Chevreuil Wellington 31
   13. Bœuf Wellington aux Épinards et Champignons Châtaigniers 33
   14. Panais et Cèpes Wellington 35
   15. Wellington aux champignons végétaliens 38
   16. Champignons miso végétaliens, courges et châtaignes Wellington 41
   17. Chou-fleur Wellington 44
   18. Wellingtons d'agneau avec farce au quinoa et aux herbes 47
   19. Wellingtons de Bœuf Individuels 49
   20. Mini Bœuf et prosciutto Wellington 52
   21. Bœuf Haché Wellington 55
   22. Bœuf Wellington avec Mélange de Champignons Créoles 57
   23. Bœuf Wellington sous vide 60
   24. Pâté Wellington au Bœuf 63
   25. Bouchées de bœuf Wellington 66
   26. Bœuf du pauvre Wellington 69
   27. Boulettes de Viande Wellington 72
   28. Bœuf haché Wellington 75
   29. Daurade Wellington avec chou-fleur, concombre et radis 77
   30. Bœuf Wellington à la Texas 80
   31. Légumes Wellington 82
   32. Jackalope Wellington 85
   33. Bœuf Wellington Italien 88
   34. Wellington aux lentilles végétariennes 91
   35. Portobello, noix de pécan et châtaigne Wellington 94
   36. Porc Wellington 97
   37. Bœuf Wellington Grillé 100
   38. Dinde Wellington aux figues et sauge 103
   39. Fromage Bleu et Bœuf Wellington 106

40. Filet de porc avec pâte feuilletée au four 109
EN CROÛTE **111**
   41. Saumon Belge en Pâte Feuilletée 112
   42. Seitan En Croûte 115
   43. Poulet et Champignons En Croûte 117
   44. Légumes En Croûte 119
   45. Boeuf et Fromage Bleu En Croûte 121
   46. Épinards et Feta En Croûte 123
   47. Ratatouille En Croûte 125
   48. Crevettes et Asperges En Croûte 127
   49. Pomme et Brie En Croûte 129
   50. Brie En Croûte 131
   51. Pâté en Croûte Rustique 133
   52. Filet de Boeuf en Croûte 136
   53. Pâté en Croûte de Canard 139
   54. Poulet en Croûte avec Salami, Suisse & Fromage Bleu 142
   55. Air Fryer Saumon en Croûte 145
   56. Truite arc-en-ciel du Népal en croûte 147
   57. Brie en Croûte Grenade 150
   58. Flétan en Croûte à la Crème Estragon Citron 152
   59. Truite de mer Coulibiac en croûte 155
   60. Poulet En Croûte À La Mangue 158
   61. Caprese En Croûte 160
   62. Crevettes Au Pesto En Croûte 162
   63. Courge Butternut et Sauge En Croûte 164
   64. En Croûte aux Figues et Chèvre 166
   65. Huile De Champignons Et Truffes En Croûte 168
   66. Patate Douce et Feta En Croûte 170
   67. Asperges En Croûte Enrobées De Prosciutto 172
STRUDELS **174**
   68. Strudel de Porc Braisé avec Sauce aux Pommes Vertes 175
   69. Strudels au Poulet et Andouille 177
   70. Strudel aux Écrevisses avec Deux Sauces 180
   71. Strudel copieux au saumon et à l'aneth 183
   72. Strudel à l'agneau et aux tomates séchées 186
   73. Strudel marocain aux légumes 189
   74. Strudel au Saumon Fumé & Brie 192
   75. Strudel à la Truite Fumée et aux Pommes Grillées 195
   76. Strudel aux champignons sauvages 197
   77. Strudel au Foie 200
   78. Strudel à la Viande 203
   79. Strudel Aubergines-Tomates 206
   80. Strudel de Courgettes à la Viande Hachée 209

- 81. Strudel au Bœuf et Brocoli 212
- 82. Strudels aux Saucisses et Champignons 215
- 83. Strudel aux champignons et courgettes 218
- 84. Strudel aux Champignons 221

PLUS DE PLATS ENCASTÉS 223
- 85. Croustades de filet mignon fourrées au fromage et aux champignons 224
- 86. Rouleaux de saucisses au whisky 227
- 87. Moulinets à la Mangue et aux Saucisses 229
- 88. Roulés de Pâte Feuilletée au Thon 231
- 89. Petits cochons dans un hamac 234
- 90. Rouleaux de Saucisses en Pâte Feuilletée 236
- 91. Ragoût de Boeuf aux Herbes et Pâte Feuilletée 238
- 92. Rouleaux de saucisses d'agneau au yaourt harissa 241
- 93. Tourte au Pot à la Libanaise 243
- 94. Tourte aux Légumes 245
- 95. Tarte ouverte aux épinards et pesto 247
- 96. Burekas 249
- 97. Tarte au Steak de Bœuf 252
- 98. Flotteur à tarte australien 255
- 99. Tarte au steak et à l'oignon 258
- 100. Choux au Jambon et Fromage 261

CONCLUSION251 263

INTRODUCTION

Embarquez pour un voyage culinaire qui allie art et gastronomie avec « L'art gastronomique de Wellington et En Croûte ." Ce livre de cuisine vous invite à explorer le royaume des plats élégants, où les saveurs sont enfermées dans des couches de pâtisserie exquise, créant des chefs-d'œuvre culinaires qui transcendent l'ordinaire. Avec 100 recettes méticuleusement organisées, cette collection est une célébration de l'intemporel et du sophistiqué. art de Wellington et En Croûte .

Imaginez une expérience culinaire où chaque plat est un spectacle visuel, une symphonie de textures et une explosion de saveurs qui captivent le palais. "L'art gastronomique de Wellington et En Croûte " est votre guide pour créer ces merveilles culinaires, que vous organisiez un dîner somptueux, que vous cherchiez à impressionner vos invités ou que vous vous livriez simplement au plaisir de préparer des plats élevés à la maison.

Du bœuf Wellington classique aux options végétariennes inventives, ce livre de cuisine explore la polyvalence des plats emballés, offrant une gamme variée de recettes qui répondent à tous les goûts et à toutes les occasions. Que vous soyez un chef chevronné ou un cuisinier amateur désireux d'élever vos compétences culinaires, ces recettes sont conçues pour démystifier l'art de l'emballage et apporter une élégance gourmande à votre table.

Rejoignez-nous pour démêler les couches de pâte feuilletée, découvrir les succulentes garnitures et plonger dans le monde du raffinement culinaire. "L'art gastronomique de Wellington et En Croûte " n'est pas qu'un livre de cuisine, c'est une invitation à transformer votre cuisine en une toile d'art gastronomique. Alors, enfilez votre tablier, affûtez vos couteaux et laissez le chef-d'œuvre culinaire se déployer.

WELLINGTON

1.Bœuf Wellington classique

INGRÉDIENTS:
- 2 lb de filet de bœuf
- 2 cuillères à soupe d'huile d'olive
- Sel et poivre au goût
- 1 lb de champignons, finement hachés
- 4 cuillères à soupe de moutarde de Dijon
- 8 tranches de prosciutto
- Feuilles de pâte feuilletée

INSTRUCTIONS:
a) Préchauffer le four à 425°F (220°C).
b) Frottez le bœuf avec de l'huile d'olive, du sel et du poivre.
c) Saisir le bœuf dans une poêle chaude jusqu'à ce qu'il soit doré de tous les côtés.
d) Mélanger les champignons dans une poêle jusqu'à ce que l'humidité s'évapore.
e) Badigeonner le bœuf de moutarde, couvrir de prosciutto, puis du mélange de champignons.
f) Étalez la pâte feuilletée et enveloppez le bœuf en scellant les bords.
g) Cuire au four pendant 25 à 30 minutes ou jusqu'à ce qu'ils soient dorés.

2.Saumon Wellington

INGRÉDIENTS:
- 1 feuille de pâte feuilletée
- 1 lb (450 g) de filet de saumon, peau retirée
- 1/2 tasse (120 g) de fromage à la crème, ramolli
- 1/4 tasse (60 ml) d'aneth frais haché
- 2 c. à soupe (30 ml) de moutarde de Dijon
- 1 cuillère à soupe (15 ml) de jus de citron
- Sel et poivre
- 1 œuf battu
- Farine, pour saupoudrer

INSTRUCTIONS:
a) Préchauffer le four à 400°F (200°C).
b) Étalez la pâte feuilletée sur une surface légèrement farinée en forme de rectangle.
c) Dans un bol, mélanger le fromage à la crème, l'aneth haché, la moutarde de Dijon, le jus de citron, le sel et le poivre.
d) Étaler uniformément le mélange de fromage à la crème sur la pâte feuilletée, en laissant une bordure de 1 pouce (2,5 cm).
e) Placez le filet de saumon sur le mélange de fromage à la crème et repliez la pâte pour envelopper complètement le saumon, en scellant les bords.
f) Badigeonnez la pâte d'œuf battu et utilisez un couteau bien aiguisé pour entailler le dessus en diagonale.
g) Cuire au four pendant 25 à 30 minutes ou jusqu'à ce que la pâte soit dorée et que le saumon soit bien cuit.
h) Laissez-le refroidir pendant 5 à 10 minutes avant de le trancher et de le servir. Apprécier!

3.Boeuf et Champignons Wellington

INGRÉDIENTS:
- 2 feuilles de pâte feuilletée
- 4 steaks de filet de bœuf
- 1/4 tasse de moutarde de Dijon
- 1/4 tasse de champignons hachés
- 1/4 tasse d'oignons hachés
- 2 gousses d'ail, hachées
- 2 cuillères à soupe de beurre
- Sel et poivre

INSTRUCTIONS:
a) Préchauffer le four à 400°F (200°C).
b) Assaisonner les steaks de filet de bœuf avec du sel et du poivre.
c) Dans une poêle, faire fondre le beurre et faire revenir les champignons, les oignons et l'ail jusqu'à ce qu'ils soient tendres.
d) Étalez la pâte feuilletée sur un plan légèrement fariné et étalez-y la moutarde de Dijon.
e) Placez les steaks de filet de bœuf sur la moutarde et versez le mélange de champignons sur les steaks.
f) Enroulez la pâte autour du bœuf et badigeonnez-la de dorure à l'œuf.
g) Cuire au four pendant 25 à 30 minutes ou jusqu'à ce que la pâte soit dorée.

4.Spam Wellington

INGRÉDIENTS:
- 1 boîte (12 onces) de spam, entière (pas coupée en dés)
- 1 paquet de feuilles de pâte feuilletée
- 1 œuf légèrement battu (pour la dorure)
- 2 cuillères à soupe de moutarde de Dijon
- 1 cuillère à soupe de miel
- Sel et poivre au goût
- Facultatif : 2 cuillères à soupe de beurre pour arroser

INSTRUCTIONS:
a) Préchauffez votre four à 375°F (190°C). Tapisser une plaque à pâtisserie de papier sulfurisé.
b) Dans un petit bol, fouetter ensemble la moutarde de Dijon, le miel, le sel et le poivre pour faire le glaçage à la moutarde.
c) Étalez la feuille de pâte feuilletée sur un plan fariné.
d) Disposez le Spam entier au centre de la feuille de pâte feuilletée.
e) Badigeonnez le dessus et les côtés du Spam avec le glaçage à la moutarde.
f) Pliez la pâte feuilletée sur le spam pour l'envelopper complètement. Appuyez sur les bords pour sceller.
g) Placez le spam enveloppé sur la plaque à pâtisserie préparée, joint vers le bas.
h) Badigeonnez le dessus de la pâte avec l'œuf battu pour une finition dorée.
i) Éventuellement, arrosez la pâte de beurre fondu pour rehausser la saveur et la texture.
j) Cuire le Spam Wellington au four préchauffé pendant environ 25 à 30 minutes, ou jusqu'à ce que la pâte soit gonflée et dorée.
k) Retirez le Wellington du four et laissez-le refroidir légèrement avant de le trancher.
l) Servez ce Spam Wellington élégant et délicieux comme un plat unique et impressionnant !

5.Mini-bœuf Wellington

INGRÉDIENTS:
- 1 livre de filet de bœuf, coupé en petits médaillons
- Sel et poivre au goût
- 2 cuillères à soupe d'huile d'olive
- 1 cuillère à soupe de moutarde de Dijon
- 1 paquet (17,3 onces) de pâte feuilletée, décongelée
- 1 œuf battu (pour la dorure des œufs)
- Facultatif : Duxelles de champignons (mélange de champignons) pour plus de saveur

INSTRUCTIONS:
a) Préchauffez votre four à 400°F (200°C).
b) Assaisonnez les médaillons de bœuf avec du sel et du poivre sur toutes les faces.
c) Dans une poêle bien chaude, faites chauffer l'huile d'olive à feu moyen-vif.
d) Saisir les médaillons de bœuf environ 1 à 2 minutes de chaque côté jusqu'à ce qu'ils soient dorés. Retirer du feu et réserver.
e) Étalez la pâte feuilletée sur une surface légèrement farinée jusqu'à environ 1/4 de pouce d'épaisseur.
f) Coupez la pâte feuilletée en carrés ou rectangles suffisamment grands pour enfermer les médaillons de bœuf.
g) Facultatif : Étalez une fine couche de moutarde de Dijon ou de duxelles de champignons sur chaque morceau de pâte feuilletée pour plus de saveur.
h) Déposez un médaillon de bœuf poêlé au centre de chaque morceau de pâte feuilletée.
i) Repliez les bords de la pâte feuilletée sur le bœuf en le scellant complètement.
j) Placer les Wellingtons de bœuf enveloppés sur une plaque à pâtisserie recouverte de papier sulfurisé, couture vers le bas.
k) Badigeonnez le dessus des Wellingtons avec l'œuf battu pour une finition dorée.
l) Cuire au four préchauffé pendant environ 15 à 20 minutes, ou jusqu'à ce que la pâte feuilletée soit dorée et que le bœuf atteigne le niveau de cuisson souhaité.
m) Retirer du four et laisser reposer les Mini Beef Wellingtons quelques minutes avant de servir.
n) Servir comme un délicieux apéritif et savourer le bœuf tendre et la pâte feuilletée.

6.Pain de viande Wellington

INGRÉDIENTS:
- 1 boîte (10,75 onces) de soupe à la crème de champignons condensée
- 2 livres de bœuf haché
- ½ tasse de chapelure sèche, fine
- 1 œuf légèrement battu
- ⅓ tasse d'oignon, finement haché
- 1 cuillère à café de sel
- ⅓ tasse d'eau
- Paquet de 8 onces de petits pains réfrigérés en forme de croissant

INSTRUCTIONS:
a)   Préchauffer le four à 375 degrés F.
b)   Mélangez soigneusement ½ tasse de soupe, le bœuf, la chapelure, l'œuf, l'oignon et le sel.
c)   Façonner fermement en un pain de 4 x 8 pouces; déposer dans un plat allant au four peu profond.
d)   Cuire au four pendant 1 heure. Dans une casserole, mélangez le reste de la soupe, l'eau et 2 à 3 cuillères à soupe de jus de cuisson. Chaleur; remuer de temps en temps, servir avec du pain.
e)   Une fois le pain préparé, retirez le gras à la cuillère.
f)   Séparez les petits pains en forme de croissant et placez-les en travers sur le dessus et le dessous du pain de viande, en les chevauchant légèrement.
g)   Cuire au four encore 15 minutes.

7.poulet Wellington

INGRÉDIENTS:
- 4 poitrines de poulet désossées et sans peau
- Sel et poivre au goût
- 2 cuillères à soupe d'huile d'olive
- 1 tasse d'épinards, hachés
- 1/2 tasse de fromage feta, émietté
- Feuilles de pâte feuilletée

INSTRUCTIONS:
a) Préchauffer le four à 400°F (200°C).
b) Assaisonner le poulet avec du sel et du poivre.
c) Faire revenir le poulet dans l'huile d'olive jusqu'à ce qu'il soit doré.
d) Mélanger les épinards et la feta, déposer sur le poulet.
e) Étalez la pâte feuilletée, enveloppez le poulet, scellez les bords.
f) Cuire au four pendant 25 à 30 minutes jusqu'à ce que la pâte soit dorée.

8.Canard Wellington

INGRÉDIENTS:
- 2 magrets de canard
- Sel et poivre au goût
- 2 cuillères à soupe d'huile d'olive
- 1 tasse de champignons, finement hachés
- 2 cuillères à soupe de cognac
- Foie gras (facultatif)
- Feuilles de pâte feuilletée

INSTRUCTIONS:
a) Préchauffer le four à 400°F (200°C).
b) Assaisonner les magrets de canard avec du sel et du poivre.
c) Saisir le canard dans l'huile d'olive jusqu'à ce que la peau soit croustillante.
d) Faire sauter les champignons, ajouter le cognac, cuire jusqu'à ce que le liquide s'évapore.
e) Placer le foie gras (si utilisé) sur le canard, garnir du mélange de champignons.
f) Etalez la pâte feuilletée, enveloppez le canard, scellez les bords.
g) Cuire au four pendant 25 à 30 minutes jusqu'à ce que la pâte soit dorée.

9.Agneau Wellington

INGRÉDIENTS:
- 2 lb de longe d'agneau
- Sel et poivre au goût
- 2 cuillères à soupe d'huile d'olive
- 1 tasse de gelée de menthe
- 1 tasse de chapelure
- Feuilles de pâte feuilletée

INSTRUCTIONS:
a) Préchauffer le four à 400°F (200°C).
b) Assaisonner l'agneau avec du sel et du poivre.
c) Saisir l'agneau dans l'huile d'olive jusqu'à ce qu'il soit doré.
d) Badigeonner l'agneau de gelée de menthe, l'enrober de chapelure.
e) Étalez la pâte feuilletée, enveloppez l'agneau, scellez les bords.
f) Cuire au four pendant 25 à 30 minutes jusqu'à ce que la pâte soit dorée.

10.Fruits de mer Wellington

INGRÉDIENTS:
- 4 filets de poisson blanc
- Sel et poivre au goût
- 2 cuillères à soupe d'huile d'olive
- 1 tasse de mélange de fruits de mer (crevettes, pétoncles, etc.)
- 1/2 tasse de fromage à la crème
- Feuilles de pâte feuilletée

INSTRUCTIONS:
a) Préchauffer le four à 400°F (200°C).
b) Assaisonner le poisson avec du sel et du poivre.
c) Faire revenir le mélange de fruits de mer jusqu'à ce qu'il soit cuit, mélanger avec le fromage à la crème.
d) Étalez la pâte feuilletée, déposez le poisson, étalez le mélange de fruits de mer.
e) Enroulez la pâte autour du poisson, scellez les bords.
f) Cuire au four pendant 20 à 25 minutes jusqu'à ce que la pâte soit dorée.
g) Profitez de ces recettes Wellington supplémentaires !

11. Lotte Wellington au curry

INGRÉDIENTS:
- 4 filets de lotte
- Sel et poivre au goût
- 2 cuillères à soupe d'huile d'olive
- 2 cuillères à soupe de curry en poudre
- 1 oignon, finement haché
- 2 gousses d'ail, hachées
- 1 tasse de lait de coco
- 1 tasse d'épinards, hachés
- Feuilles de pâte feuilletée

INSTRUCTIONS:
a) Préchauffer le four à 400°F (200°C).
b) Assaisonner les filets de lotte avec du sel, du poivre et du curry.
c) Saisir la lotte dans l'huile d'olive jusqu'à ce qu'elle soit dorée sur toutes les faces.
d) Dans la même poêle, faire revenir les oignons et l'ail jusqu'à ce qu'ils soient tendres.
e) Ajouter le lait de coco dans la poêle et porter à ébullition. Laissez le mélange épaissir légèrement.
f) Ajouter les épinards hachés au mélange de curry en remuant jusqu'à ce qu'ils soient flétris.
g) Étalez la pâte feuilletée et déposez une portion du mélange épinards-curry sur chaque filet.
h) Enroulez la pâte feuilletée autour de la lotte en scellant les bords.
i) Placer la lotte enveloppée sur une plaque à pâtisserie et cuire au four pendant 20 à 25 minutes ou jusqu'à ce que la pâte soit dorée.
j) Servez votre Wellington de Lotte au Curry avec du riz ou vos plats d'accompagnement préférés. Apprécier!

12. Venaison Wellington

INGRÉDIENTS:
- 4 filets de chevreuil
- Sel et poivre au goût
- 2 cuillères à soupe d'huile d'olive
- 1/2 tasse de vin rouge
- 1 oignon, finement haché
- 2 gousses d'ail, hachées
- 8 oz de champignons, finement hachés
- 1 cuillère à soupe de thym frais haché
- Moutarde de Dijon
- Feuilles de pâte feuilletée
- 1 œuf (pour la dorure)

INSTRUCTIONS:
a) Préchauffer le four à 400°F (200°C).
b) Assaisonnez les filets de chevreuil avec du sel et du poivre.
c) Dans une poêle bien chaude, saisir les filets dans l'huile d'olive jusqu'à ce qu'ils soient dorés sur toutes les faces.
d) Déglacer la poêle avec le vin rouge en grattant les morceaux dorés. Mettre de côté.
e) Dans la même poêle, faire revenir les oignons et l'ail jusqu'à ce qu'ils soient tendres.
f) Ajouter les champignons et le thym et cuire jusqu'à ce que les champignons libèrent leur humidité et deviennent dorés.
g) Étalez de la moutarde de Dijon sur les filets de chevreuil poêlés.
h) Déposez une portion du mélange de champignons sur chaque filet.
i) Étalez la pâte feuilletée et enveloppez chaque filet en scellant les bords.
j) Placer les filets enveloppés sur une plaque à pâtisserie.
k) Badigeonner la pâte feuilletée d'une dorure à l'œuf pour une finition dorée.
l) Cuire au four pendant 20 à 25 minutes ou jusqu'à ce que la pâte soit dorée.
m) Servez votre Venison Wellington avec une réduction de vin rouge ou votre sauce préférée. Savourez ce plat élégant et savoureux !

13. Bœuf Wellington aux épinards et champignons châtaignes

INGRÉDIENTS:
- 1,5 kg de filet de bœuf
- Sel et poivre noir au goût
- 2 cuillères à soupe d'huile d'olive
- 1 lb de champignons châtaignes, finement hachés
- 2 gousses d'ail, hachées
- 2 tasses d'épinards frais, hachés
- 2 cuillères à soupe de moutarde de Dijon
- 8 tranches de prosciutto
- Feuilles de pâte feuilletée
- 1 œuf (pour la dorure)

INSTRUCTIONS:
a) Préchauffer le four à 425°F (220°C).
b) Assaisonner le filet de bœuf avec du sel et du poivre noir.
c) Faites chauffer l'huile d'olive dans une poêle et saisissez le bœuf jusqu'à ce qu'il soit doré de tous les côtés. Mettre de côté.
d) Dans la même poêle, faire revenir les champignons et l'ail jusqu'à ce que les champignons libèrent leur humidité et deviennent dorés.
e) Ajouter les épinards hachés au mélange de champignons et cuire jusqu'à ce qu'ils soient fanés. Laissez le mélange refroidir.
f) Étalez de la moutarde de Dijon sur le filet de bœuf poêlé.
g) Disposez les tranches de prosciutto sur une feuille de pellicule plastique, en les chevauchant légèrement.
h) Étalez le mélange de champignons et d'épinards sur le prosciutto.
i) Placez le bœuf dessus et roulez le mélange de prosciutto et de champignons autour du bœuf pour former une bûche.
j) Étalez la pâte feuilletée et enveloppez la bûche de bœuf en scellant les bords.
k) Badigeonner la pâte d'une dorure à l'œuf pour une finition dorée.
l) Placer le bœuf enveloppé sur une plaque à pâtisserie et cuire au four pendant 25 à 30 minutes ou jusqu'à ce que la pâte soit dorée.
m) Laissez le bœuf Wellington reposer quelques minutes avant de le trancher. Servez avec votre sauce préférée et dégustez !

14. Panais et cèpes Wellington

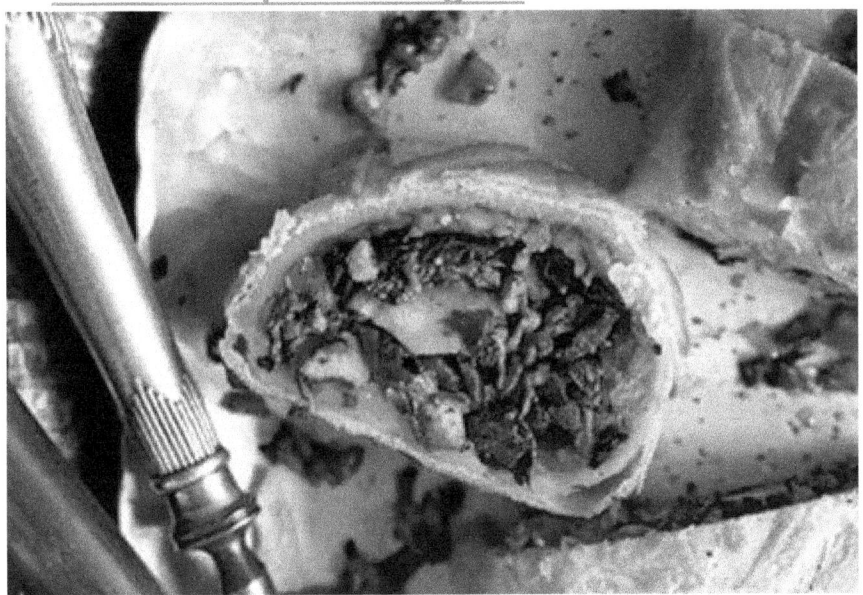

INGRÉDIENTS:
- 2 tasses de cèpes séchés
- 1 tasse d'eau bouillante
- 2 cuillères à soupe d'huile d'olive
- 1 oignon, finement haché
- 3 gousses d'ail, émincées
- 4 panais, pelés et râpés
- 1 tasse de chapelure
- 1/2 tasse de persil frais, haché
- Sel et poivre noir au goût
- Feuilles de pâte feuilletée
- 1 œuf (pour la dorure)

INSTRUCTIONS:
a) Préchauffer le four à 400°F (200°C).
b) Placer les cèpes séchés dans un bol et couvrir d'eau bouillante. Laissez-les tremper pendant 20 minutes, puis égouttez-les et hachez-les.
c) Dans une poêle, faire chauffer l'huile d'olive et faire revenir les oignons et l'ail jusqu'à ce qu'ils soient tendres.
d) Ajouter les panais râpés dans la poêle et cuire jusqu'à ce qu'ils libèrent leur humidité et deviennent tendres.
e) Incorporer les cèpes hachés, la chapelure et le persil frais. Assaisonner avec du sel et du poivre noir. Laissez le mélange refroidir.
f) Abaisser la pâte feuilletée et étaler le mélange panais et cèpes sur la pâte.
g) Placer le mélange panais et cèpes au centre de la pâte en laissant de l'espace sur les bords.
h) Replier la pâte sur la garniture en scellant les bords. Vous pouvez créer un motif en treillis sur le dessus si vous le souhaitez.
i) Badigeonner la pâte d'une dorure à l'œuf pour une finition dorée.
j) Placez le Wellington enveloppé sur une plaque à pâtisserie et faites cuire au four pendant 25 à 30 minutes ou jusqu'à ce que la pâte soit dorée.
k) Laissez les panais et les cèpes Wellington refroidir quelques minutes avant de les trancher. Servir avec un accompagnement de votre sauce ou chutney préféré. Apprécier!

15. Wellington aux champignons végétaliens

INGRÉDIENTS:
- 2 cuillères à soupe d'huile d'olive
- 1 oignon, finement haché
- 3 gousses d'ail, émincées
- 1 lb de champignons mélangés (comme les cremini , les shiitake et les pleurotes), finement hachés
- 1 tasse d'épinards, hachés
- 1/2 tasse de noix, hachées
- 1 cuillère à soupe de sauce soja
- 1 cuillère à café de thym séché
- Sel et poivre noir au goût
- Feuilles de pâte feuilletée
- 1 cuillère à soupe de lait végétal (pour le brossage)
- Graines de sésame (facultatif, pour la garniture)

INSTRUCTIONS:
a) Préchauffer le four à 400°F (200°C).
b) Dans une poêle, faire chauffer l'huile d'olive et faire revenir les oignons et l'ail jusqu'à ce qu'ils soient tendres.
c) Ajouter les champignons hachés dans la poêle et cuire jusqu'à ce que l'humidité s'évapore.
d) Incorporer les épinards, les noix, la sauce soja, le thym, le sel et le poivre noir. Cuire jusqu'à ce que les épinards fanent. Laissez le mélange refroidir.
e) Étalez la pâte feuilletée et étalez le mélange aux champignons sur la pâte.
f) Placer le mélange de champignons au centre de la pâte en laissant de l'espace sur les bords.
g) Replier la pâte sur la garniture en scellant les bords. Vous pouvez créer un motif en treillis sur le dessus si vous le souhaitez.
h) Badigeonnez la pâte de lait végétal pour un rendu doré. Éventuellement, saupoudrez de graines de sésame.
i) Placez le Wellington enveloppé sur une plaque à pâtisserie et faites cuire au four pendant 25 à 30 minutes ou jusqu'à ce que la pâte soit dorée.
j) Laissez le Wellington aux champignons végétaliens refroidir pendant quelques minutes avant de le trancher. Servir avec un accompagnement de sauce végétalienne ou de votre sauce préférée. Savourez cette version délicieuse et végétale !

16. Champignons miso végétaliens, courges et châtaignes Wellington

INGRÉDIENTS:
- 2 cuillères à soupe d'huile d'olive
- 1 oignon, finement haché
- 3 gousses d'ail, émincées
- 1 lb de champignons mélangés (tels que shiitake, cremini et pleurotes), finement hachés
- 1 tasse de courge musquée, coupée en dés
- 1 tasse de châtaignes, cuites et hachées
- 2 cuillères à soupe de pâte miso
- 1 cuillère à soupe de sauce soja
- 1 cuillère à café de thym séché
- Sel et poivre noir au goût
- Feuilles de pâte feuilletée
- 1 cuillère à soupe de lait végétal (pour le brossage)
- Graines de sésame (facultatif, pour la garniture)

INSTRUCTIONS:

a) Préchauffer le four à 400°F (200°C).
b) Dans une poêle, faire chauffer l'huile d'olive et faire revenir les oignons et l'ail jusqu'à ce qu'ils soient tendres.
c) Ajouter les champignons hachés dans la poêle et cuire jusqu'à ce que l'humidité s'évapore.
d) Incorporer les dés de courge musquée, les châtaignes, la pâte miso, la sauce soja, le thym, le sel et le poivre noir. Cuire jusqu'à ce que la courge soit tendre. Laissez le mélange refroidir.
e) Abaisser la pâte feuilletée et étaler le mélange de champignons, courges et marrons sur la pâte.
f) Disposez la garniture au centre de la pâte en laissant de l'espace sur les bords.
g) Replier la pâte sur la garniture en scellant les bords. Vous pouvez créer un motif en treillis sur le dessus si vous le souhaitez.
h) Badigeonnez la pâte de lait végétal pour un rendu doré. Éventuellement, saupoudrez de graines de sésame.
i) Placez le Wellington enveloppé sur une plaque à pâtisserie et faites cuire au four pendant 25 à 30 minutes ou jusqu'à ce que la pâte soit dorée.
j) Laissez refroidir les champignons miso végétaliens, la courge et les châtaignes Wellington pendant quelques minutes avant de les trancher.
k) Servir avec un accompagnement de sauce végétalienne ou de votre sauce préférée. Savourez ce Wellington savoureux et végétal !

17.Chou-fleur Wellington

INGRÉDIENTS:
- 1 grosse tête de chou-fleur
- 2 cuillères à soupe d'huile d'olive
- 1 oignon, finement haché
- 3 gousses d'ail, émincées
- 1 tasse de champignons, finement hachés
- 1 tasse de chapelure
- 1 tasse d'épinards, hachés
- 1 cuillère à soupe de moutarde de Dijon
- Feuilles de pâte feuilletée
- 1 cuillère à soupe de lait végétal (pour le brossage)
- Graines de sésame (facultatif, pour la garniture)

INSTRUCTIONS:
a) Préchauffer le four à 400°F (200°C).
b) Retirez les feuilles et la tige du chou-fleur en laissant la tête intacte.
c) Cuire le chou-fleur entier à la vapeur jusqu'à ce qu'il soit légèrement tendre mais pas trop mou.
d) Dans une poêle, faire chauffer l'huile d'olive et faire revenir les oignons et l'ail jusqu'à ce qu'ils soient tendres.
e) Ajouter les champignons hachés dans la poêle et cuire jusqu'à ce que l'humidité s'évapore.
f) Incorporer la chapelure et les épinards jusqu'à ce que le mélange soit bien mélangé. Laissez-le refroidir.
g) Étalez la moutarde de Dijon sur le chou-fleur cuit à la vapeur.
h) Étalez la pâte feuilletée et placez le chou-fleur au centre en le recouvrant du mélange de champignons et d'épinards.
i) Replier la pâte sur le chou-fleur en scellant les bords. Vous pouvez créer un motif en treillis sur le dessus si vous le souhaitez.
j) Badigeonnez la pâte de lait végétal pour un rendu doré. Éventuellement, saupoudrez de graines de sésame.
k) Placez le Wellington enveloppé sur une plaque à pâtisserie et faites cuire au four pendant 25 à 30 minutes ou jusqu'à ce que la pâte soit dorée.
l) Laissez le chou-fleur Wellington refroidir quelques minutes avant de le trancher. Servir avec un accompagnement de sauce végétalienne ou de votre sauce préférée. Savourez ce plat végétalien délicieux et copieux !

18. Wellingtons d'agneau farcis au quinoa et aux herbes

INGRÉDIENTS:
- 4 côtelettes de longe d'agneau
- Sel et poivre noir au goût
- 2 cuillères à soupe d'huile d'olive
- 1 tasse de quinoa, cuit
- 1 oignon, finement haché
- 3 gousses d'ail, émincées
- 1/2 tasse d'herbes mélangées (comme le persil, la menthe et le thym), hachées
- Le zeste d'un citron
- Feuilles de pâte feuilletée
- 1 œuf (pour la dorure)

INSTRUCTIONS:
a) Préchauffer le four à 400°F (200°C).
b) Assaisonner les côtelettes de longe d'agneau avec du sel et du poivre noir.
c) Dans une poêle, faites chauffer l'huile d'olive et saisissez les côtelettes d'agneau jusqu'à ce qu'elles soient dorées de tous les côtés. Mettre de côté.
d) Dans la même poêle, faire revenir les oignons et l'ail jusqu'à ce qu'ils soient tendres.
e) Dans un bol, mélanger le quinoa cuit, les oignons sautés, l'ail, le mélange d'herbes et le zeste de citron. Laissez le mélange refroidir.
f) Étalez la pâte feuilletée et déposez une partie de la farce au quinoa et aux herbes sur chaque côtelette de longe d'agneau.
g) Placer chaque côtelette d'agneau sur la pâte, puis enrouler la pâte autour de l'agneau en scellant les bords.
h) Badigeonner la pâte d'une dorure à l'œuf pour une finition dorée.
i) Placez les Wellingtons d'agneau enveloppés sur une plaque à pâtisserie et faites cuire au four pendant 20 à 25 minutes ou jusqu'à ce que la pâte soit dorée.
j) Laissez reposer les Wellingtons d'agneau farcis au quinoa et aux herbes pendant quelques minutes avant de servir. Profitez de ces Wellingtons savoureux et élégants !

19. Bœuf Wellington individuels

INGRÉDIENTS :
- 4 steaks de filet de bœuf (6 oz chacun)
- Sel et poivre noir au goût
- 2 cuillères à soupe d'huile d'olive
- 1 lb de champignons, finement hachés
- 2 gousses d'ail, hachées
- 1/4 tasse de vin blanc sec
- 2 cuillères à soupe de moutarde de Dijon
- 8 tranches de prosciutto
- Feuilles de pâte feuilletée
- 1 œuf (pour la dorure)

INSTRUCTIONS:
a) Préchauffer le four à 425°F (220°C).
b) Assaisonner les steaks de filet de bœuf avec du sel et du poivre noir.
c) Dans une poêle bien chaude, saisir les steaks dans l'huile d'olive jusqu'à ce qu'ils soient dorés sur toutes les faces. Mettre de côté.
d) Dans la même poêle, ajoutez les champignons hachés et l'ail. Cuire jusqu'à ce que les champignons libèrent leur humidité.
e) Versez le vin blanc et laissez cuire jusqu'à ce que le liquide s'évapore. Retirer du feu et laisser refroidir le mélange.
f) Badigeonner chaque steak de moutarde de Dijon.
g) Disposez les tranches de prosciutto sur une feuille de pellicule plastique, en les chevauchant légèrement.
h) Étalez une couche du mélange de champignons sur le prosciutto.
i) Placez un steak de filet de bœuf dessus et roulez le mélange de prosciutto et de champignons autour du steak, en formant des parcelles individuelles.
j) Étalez la pâte feuilletée et enveloppez chaque parcelle de bœuf en scellant les bords.
k) Badigeonner la pâte d'une dorure à l'œuf pour une finition dorée.
l) Placez les Wellingtons de bœuf individuels sur une plaque à pâtisserie et faites cuire au four pendant 20 à 25 minutes ou jusqu'à ce que la pâte soit dorée.
m) Laissez les Wellingtons de bœuf individuels reposer quelques minutes avant de servir.
n) Servir avec votre sauce préférée, comme une réduction de vin rouge ou une sauce aux champignons.

20.Mini Boeuf et prosciutto Wellington

INGRÉDIENTS:
- 8 médaillons de filet de bœuf (environ 2 pouces de diamètre)
- Sel et poivre noir au goût
- 1 cuillère à soupe d'huile d'olive
- 1 tasse de champignons, finement hachés
- 1 gousse d'ail, hachée
- 2 cuillères à soupe de vin rouge
- 2 cuillères à soupe de moutarde de Dijon
- 8 tranches de prosciutto
- Feuilles de pâte feuilletée
- 1 œuf (pour la dorure)

INSTRUCTIONS:
a) Préchauffer le four à 425°F (220°C).
b) Assaisonner les médaillons de filet de bœuf avec du sel et du poivre noir.
c) Dans une poêle, faites chauffer l'huile d'olive et saisissez les médaillons jusqu'à ce qu'ils soient dorés de tous les côtés. Mettre de côté.
d) Dans la même poêle, ajoutez les champignons hachés et l'ail. Cuire jusqu'à ce que les champignons libèrent leur humidité.
e) Versez le vin rouge et laissez cuire jusqu'à ce que le liquide s'évapore. Retirer du feu et laisser refroidir le mélange.
f) Badigeonner chaque médaillon de bœuf de moutarde de Dijon.
g) Disposez les tranches de prosciutto sur une feuille de pellicule plastique, en les chevauchant légèrement.
h) Étalez une couche du mélange de champignons sur le prosciutto.
i) Placez un médaillon de bœuf dessus et roulez le mélange de prosciutto et de champignons autour du médaillon pour former des mini-paquets.
j) Étalez la pâte feuilletée et enveloppez chaque mini Beef Wellington en scellant les bords.
k) Badigeonner la pâte d'une dorure à l'œuf pour une finition dorée.
l) Placer les mini Beef Wellingtons sur une plaque à pâtisserie et cuire au four pendant 15 à 20 minutes ou jusqu'à ce que la pâte soit dorée.
m) Laissez les Mini Beef Wellingtons reposer quelques minutes avant de servir. Servir comme apéritif élégant ou comme délicieuse collation de fête.
n) Savourez ces bouchées gourmandes !

21.Bœuf haché Wellington

INGRÉDIENTS:
- 1 lb de bœuf haché
- Sel et poivre noir au goût
- 1 cuillère à soupe d'huile d'olive
- 1 oignon, finement haché
- 2 gousses d'ail, hachées
- 1 tasse de champignons, finement hachés
- 2 cuillères à soupe de sauce Worcestershire
- 2 cuillères à soupe de moutarde de Dijon
- 1/2 tasse de chapelure
- Feuilles de pâte feuilletée
- 1 œuf (pour la dorure)

INSTRUCTIONS:
a) Préchauffer le four à 400°F (200°C).
b) Dans une poêle, faire chauffer l'huile d'olive et faire revenir les oignons et l'ail jusqu'à ce qu'ils soient tendres.
c) Ajouter le bœuf haché dans la poêle et cuire jusqu'à ce qu'il soit doré. Assaisonner avec du sel et du poivre noir.
d) Ajouter les champignons hachés au mélange de bœuf et cuire jusqu'à ce que les champignons libèrent leur humidité.
e) Incorporer la sauce Worcestershire, la moutarde de Dijon et la chapelure. Laissez le mélange refroidir.
f) Étalez la pâte feuilletée et étalez le mélange de bœuf haché sur la pâte.
g) Replier la pâte sur la garniture en scellant les bords. Vous pouvez créer un motif en treillis sur le dessus si vous le souhaitez.
h) Badigeonner la pâte d'une dorure à l'œuf pour une finition dorée.
i) Placez le bœuf haché Wellington enveloppé sur une plaque à pâtisserie et faites cuire au four pendant 25 à 30 minutes ou jusqu'à ce que la pâte soit dorée.
j) Laissez le bœuf haché Wellington refroidir pendant quelques minutes avant de le trancher. Servir avec votre sauce ou sauce préférée. Profitez de cette version simplifiée du Wellington classique !

22. Bœuf Wellington avec mélange de champignons créoles

INGRÉDIENTS:
- 1,5 kg de filet de bœuf
- Sel et poivre noir au goût
- 2 cuillères à soupe d'huile d'olive
- 1 tasse de champignons cremini , finement hachés
- 1 tasse de champignons shiitake, finement hachés
- 1 tasse de pleurotes, finement hachés
- 1 oignon, finement haché
- 2 gousses d'ail, hachées
- 1 cuillère à café de thym séché
- 1 cuillère à café de paprika
- 1/2 cuillère à café de poivre de Cayenne (ajuster au goût)
- 2 cuillères à soupe de sauce Worcestershire
- Feuilles de pâte feuilletée
- Moutarde de Dijon
- 1 œuf (pour la dorure)

INSTRUCTIONS:
a) Préchauffer le four à 425°F (220°C).
b) Assaisonner le filet de bœuf avec du sel et du poivre noir.
c) Dans une poêle bien chaude, saisir le bœuf dans l'huile d'olive jusqu'à ce qu'il soit doré sur toutes les faces. Mettre de côté.
d) Dans la même poêle, faire revenir les oignons et l'ail jusqu'à ce qu'ils soient tendres.
e) Ajouter les cremini , les shiitake et les pleurotes dans la poêle. Cuire jusqu'à ce que les champignons libèrent leur humidité.
f) Incorporer le thym, le paprika, le poivre de Cayenne et la sauce Worcestershire. Cuire jusqu'à ce que le mélange soit bien mélangé . Laissez-le refroidir.
g) Étalez la pâte feuilletée et tartinez le bœuf de moutarde de Dijon.
h) Placez le mélange de champignons sur le bœuf en le recouvrant uniformément.
i) Enveloppez le bœuf dans la pâte feuilletée en scellant les bords. Vous pouvez créer un motif en treillis sur le dessus si vous le souhaitez.
j) Badigeonner la pâte d'une dorure à l'œuf pour une finition dorée.
k) Placez le bœuf Wellington enveloppé sur une plaque à pâtisserie et faites cuire au four pendant 25 à 30 minutes ou jusqu'à ce que la pâte soit dorée.
l) Laissez reposer le bœuf Wellington aux champignons créoles pendant quelques minutes avant de le trancher.

23. Bœuf Wellington sous vide

INGRÉDIENTS:
- 4 steaks de filet de bœuf (6 oz chacun)
- Sel et poivre noir au goût
- 2 cuillères à soupe d'huile d'olive
- Pour le sous vide :
- 1 cuillère à soupe d'huile d'olive
- Branches de thym frais
- Gousses d'ail, écrasées
- 1 tasse de champignons cremini , finement hachés
- 1 tasse de champignons shiitake, finement hachés
- 1 tasse de pleurotes, finement hachés
- 1 oignon, finement haché
- 2 gousses d'ail, hachées
- 1 cuillère à café de thym séché
- 1 cuillère à café de paprika
- 1/2 cuillère à café de poivre de Cayenne (ajuster au goût)
- 2 cuillères à soupe de sauce Worcestershire
- Feuilles de pâte feuilletée
- Moutarde de Dijon
- 1 œuf (pour la dorure)

INSTRUCTIONS:
PRÉPARATION SOUS VIDE :
a) Préchauffez le bain sous vide à la cuisson désirée pour le filet de bœuf (par exemple, 130 °F / 54 °C pour une cuisson mi-saignante).
b) Assaisonner les steaks de filet de bœuf avec du sel et du poivre noir. Placez- les dans des sacs sous vide avec de l'huile d'olive, du thym frais et des gousses d'ail écrasées .
c) Faites cuire le bœuf au bain sous vide pendant 1h30 à 4 heures, selon votre cuisson préférée.

MÉLANGE DE CHAMPIGNONS :
d) Dans une poêle, faire chauffer l'huile d'olive et faire revenir les oignons et l'ail jusqu'à ce qu'ils soient tendres.
e) Ajouter les cremini , les shiitake et les pleurotes dans la poêle. Cuire jusqu'à ce que les champignons libèrent leur humidité.

f) Incorporer le thym, le paprika, le poivre de Cayenne et la sauce Worcestershire. Cuire jusqu'à ce que le mélange soit bien mélangé . Laissez-le refroidir.

ASSEMBLAGE ET CUISSON :

g) Préchauffer le four à 425°F (220°C).
h) Retirez le filet de bœuf des sacs sous vide et séchez-le.
i) Étalez la pâte feuilletée et tartinez le bœuf de moutarde de Dijon.
j) Placez le mélange de champignons sur le bœuf en le recouvrant uniformément.
k) Enveloppez le bœuf dans la pâte feuilletée en scellant les bords. Vous pouvez créer un motif en treillis sur le dessus si vous le souhaitez.
l) Badigeonner la pâte d'une dorure à l'œuf pour une finition dorée.
m) Placez le bœuf Wellington enveloppé sur une plaque à pâtisserie et faites cuire au four pendant 25 à 30 minutes ou jusqu'à ce que la pâte soit dorée.
n) Laissez le bœuf Wellington sous vide reposer quelques minutes avant de le trancher. Servir avec un accompagnement de votre sauce préférée ou une réduction de vin rouge. Savourez cette version surélevée du classique Beef Wellington !

24. Pâté Wellington au bœuf

INGRÉDIENTS:
- 1,5 kg de filet de bœuf coupé en cubes
- Sel et poivre noir au goût
- 2 cuillères à soupe d'huile d'olive
- 1 oignon, finement haché
- 2 gousses d'ail, hachées
- 1 tasse de champignons cremini , tranchés
- 1 tasse de carottes, coupées en dés
- 1 tasse de petits pois surgelés
- 1/4 tasse de farine tout usage
- 1 tasse de bouillon de boeuf
- 1/2 tasse de vin rouge
- 1 cuillère à café de thym séché
- 1 paquet de feuilles de pâte feuilletée
- Moutarde de Dijon
- 1 œuf (pour la dorure)

INSTRUCTIONS:
a) Préchauffer le four à 400°F (200°C).
b) Assaisonnez les cubes de bœuf avec du sel et du poivre noir.
c) Dans une grande poêle, chauffer l'huile d'olive à feu moyen-vif. Saisir les cubes de bœuf jusqu'à ce qu'ils soient dorés de tous les côtés. Retirer et réserver.
d) Dans la même poêle, ajoutez les oignons, l'ail, les champignons et les carottes. Faire revenir jusqu'à ce que les légumes soient ramollis .
e) Saupoudrer de farine sur les légumes et remuer pour bien les enrober. Cuire 1 à 2 minutes pour éliminer le goût cru de la farine.
f) Versez lentement le bouillon de bœuf et le vin rouge en remuant constamment pour éviter les grumeaux. Portez à ébullition et laissez épaissir.
g) Remettez le bœuf poêlé dans la poêle. Incorporer les petits pois surgelés et le thym séché. Laisser mijoter quelques minutes jusqu'à ce que le mélange ait la consistance d'un ragoût.
h) Étalez la pâte feuilletée et coupez-la en ronds ou en carrés selon la taille de vos plats de service.

i) Versez la garniture au bœuf dans des casseroles individuelles allant au four ou dans un plat allant au four.
j) Étalez une fine couche de moutarde de Dijon sur le mélange de bœuf.
k) Placez les ronds ou les carrés de pâte feuilletée sur la garniture en appuyant sur les bords pour sceller.
l) Battez l'œuf et badigeonnez-en la pâte feuilletée pour une finition dorée.
m) Cuire au four préchauffé pendant 20 à 25 minutes ou jusqu'à ce que la pâte soit dorée et gonflée.
n) Laissez les pâtés au bœuf Wellington refroidir pendant quelques minutes avant de servir. Savourez la tarte au pot réconfortante et savoureuse avec une touche d'originalité !

25. Bouchées de bœuf Wellington

INGRÉDIENTS:
- 1 lb de filet de bœuf, coupé en petits cubes
- Sel et poivre noir au goût
- 2 cuillères à soupe d'huile d'olive
- 1 tasse de champignons cremini, finement hachés
- 1 oignon, finement haché
- 2 gousses d'ail, hachées
- 1 cuillère à soupe de moutarde de Dijon
- 1 paquet de feuilles de pâte feuilletée
- 1 œuf (pour la dorure)

INSTRUCTIONS:

a) Préchauffer le four à 400°F (200°C).
b) Assaisonnez les cubes de bœuf avec du sel et du poivre noir.
c) Dans une poêle, faire chauffer l'huile d'olive à feu moyen-vif. Saisir les cubes de bœuf jusqu'à ce qu'ils soient dorés de tous les côtés. Retirer et réserver.
d) Dans la même poêle, ajoutez les oignons, l'ail et les champignons. Faire sauter jusqu'à ce que les champignons libèrent leur humidité et que le mélange devienne parfumé.
e) Étalez une fine couche de moutarde de Dijon sur chaque face des cubes de bœuf poêlés.
f) Étalez la pâte feuilletée et coupez-la en petits carrés ou cercles selon votre préférence.
g) Déposer une cuillerée du mélange aux champignons au centre de chaque carré de pâte.
h) Déposez un cube de bœuf enrobé de Dijon sur le mélange de champignons.
i) Pliez la pâte sur le bœuf et scellez les bords pour créer des Wellingtons de la taille d'une bouchée.
j) Battez l'œuf et badigeonnez-en la pâte feuilletée pour une finition dorée.
k) Placez les bouchées de bœuf Wellington sur une plaque à pâtisserie et faites cuire au four pendant 15 à 20 minutes ou jusqu'à ce que la pâte soit dorée et gonflée.
l) Laissez les bouchées refroidir quelques minutes avant de servir. Disposez-les sur une assiette et dégustez ces élégantes bouchées !

26. Bœuf Wellington du pauvre

INGRÉDIENTS:
- 1,5 kg de rôti de paleron de bœuf, paré
- Sel et poivre noir au goût
- 2 cuillères à soupe d'huile d'olive
- 1 oignon, finement haché
- 2 gousses d'ail, hachées
- 1 tasse de champignons, finement hachés
- 1 cuillère à soupe de sauce Worcestershire
- Feuilles de pâte feuilletée
- Moutarde de Dijon
- 1 œuf (pour la dorure)

INSTRUCTIONS:
a) Préchauffer le four à 400°F (200°C).
b) Assaisonner le rôti de paleron de bœuf avec du sel et du poivre noir.
c) Dans une grande poêle allant au four, chauffer l'huile d'olive à feu moyen-vif. Saisir le rôti de paleron de bœuf jusqu'à ce qu'il soit doré de tous les côtés. Retirer et réserver.
d) Dans la même poêle, ajoutez les oignons, l'ail et les champignons. Faire sauter jusqu'à ce que les champignons libèrent leur humidité et que le mélange devienne parfumé.
e) Incorporer la sauce Worcestershire et cuire encore 2 à 3 minutes. Laissez le mélange refroidir.
f) Étalez la pâte feuilletée et étalez une couche de moutarde de Dijon sur le rôti de paleron de bœuf.
g) Placez le mélange de champignons sur le bœuf.
h) Envelopper le mélange de bœuf et de champignons avec la pâte feuilletée en scellant les bords. Vous pouvez créer un motif en treillis sur le dessus si vous le souhaitez.
i) Battez l'œuf et badigeonnez-en la pâte feuilletée pour une finition dorée.
j) Placez la poêle dans le four préchauffé et faites cuire au four pendant 40 à 50 minutes ou jusqu'à ce que la pâte soit dorée et que le bœuf soit cuit à votre goût.
k) Laissez le bœuf Wellington reposer quelques minutes avant de le trancher.
l) Servez des tranches de cette version économique de bœuf Wellington avec vos accompagnements préférés. C'est une version délicieuse et plus économique du plat classique !

27. Boulettes de viande Wellington

INGRÉDIENTS:
POUR LES BOULETTES DE VIANDE :
- 1 lb de bœuf haché
- 1/2 tasse de chapelure
- 1/4 tasse de parmesan râpé
- 1/4 tasse de lait
- 1 oeuf
- 2 gousses d'ail, hachées
- 1 cuillère à café d'origan séché
- Sel et poivre noir au goût

POUR LES DUXELLES DE CHAMPIGNONS :
- 2 tasses de champignons, finement hachés
- 2 cuillères à soupe de beurre
- 2 gousses d'ail, hachées
- Sel et poivre noir au goût
- 2 cuillères à soupe de persil frais haché

POUR LE MONTAGE :
- Feuilles de pâte feuilletée
- Moutarde de Dijon
- 1 œuf (pour la dorure)

INSTRUCTIONS:
POUR LES BOULETTES DE VIANDE :
a) Préchauffer le four à 400°F (200°C).
b) Dans un bol, mélanger le bœuf haché, la chapelure, le parmesan, le lait, l'œuf, l'ail émincé, l'origan séché, le sel et le poivre noir. Bien mélanger.
c) Façonnez des boulettes de viande avec le mélange et placez-les sur une plaque à pâtisserie.
d) Cuire au four préchauffé pendant 15 à 20 minutes ou jusqu'à ce que les boulettes de viande soient bien cuites.

POUR LES DUXELLES DE CHAMPIGNONS :
e) Dans une poêle, faire fondre le beurre à feu moyen. Ajouter les champignons hachés et l'ail émincé.
f) Faites cuire les champignons jusqu'à ce qu'ils libèrent leur humidité et deviennent dorés.

g) Assaisonner avec du sel et du poivre noir et incorporer le persil frais haché. Laisser refroidir.

POUR LE MONTAGE :

h) Étalez la pâte feuilletée et coupez-la en carrés, un pour chaque boulette de viande.
i) Étalez une fine couche de moutarde de Dijon sur chaque carré.
j) Déposez une cuillerée de duxelles de champignons au centre de chaque carré.
k) Mettez une boulette de viande cuite au four sur le mélange de champignons.
l) Pliez la pâte feuilletée sur la boulette de viande en scellant les bords. Vous pouvez créer un motif en treillis sur le dessus si vous le souhaitez.
m) Battez l'œuf et badigeonnez-en la pâte feuilletée pour une finition dorée.
n) Placez les boulettes de viande Wellington sur une plaque à pâtisserie et faites cuire au four pendant 20 à 25 minutes ou jusqu'à ce que la pâte soit dorée.

28.Bœuf haché Wellington à la friteuse à air

INGRÉDIENTS :
- 1 lb de bœuf haché
- Sel et poivre noir au goût
- 1 cuillère à soupe d'huile d'olive
- 1 oignon, finement haché
- 2 gousses d'ail, hachées
- 1 tasse de champignons, finement hachés
- 1 cuillère à soupe de sauce Worcestershire
- Feuilles de pâte feuilletée
- Moutarde de Dijon
- 1 œuf (pour la dorure)

INSTRUCTIONS :

a) Préchauffez votre friteuse à air à 375°F (190°C).

b) Dans une poêle, faire chauffer l'huile d'olive à feu moyen-vif. Ajouter les oignons, l'ail et les champignons. Faire sauter jusqu'à ce que les champignons libèrent leur humidité et que le mélange devienne parfumé.

c) Ajouter le bœuf haché dans la poêle et cuire jusqu'à ce qu'il soit doré. Assaisonner avec du sel et du poivre noir.

d) Incorporer la sauce Worcestershire et cuire encore 2 à 3 minutes. Laissez le mélange refroidir.

e) Étalez la pâte feuilletée et étalez une couche de moutarde de Dijon sur le mélange de bœuf haché.

f) Placer le mélange de bœuf haché refroidi sur la pâte feuilletée.

g) Enveloppez le mélange de bœuf haché avec la pâte feuilletée, en scellant les bords. Vous pouvez créer un motif en treillis sur le dessus si vous le souhaitez.

h) Battez l'œuf et badigeonnez-en la pâte feuilletée pour une finition dorée.

i) Placez le bœuf haché Wellington enveloppé dans le panier de la friteuse à air.

j) Faire frire à l'air libre pendant 15 à 20 minutes ou jusqu'à ce que la pâte feuilletée soit dorée.

k) Laissez le bœuf haché Wellington refroidir pendant quelques minutes avant de le trancher.

29. Daurade Wellington avec chou-fleur, concombre et radis

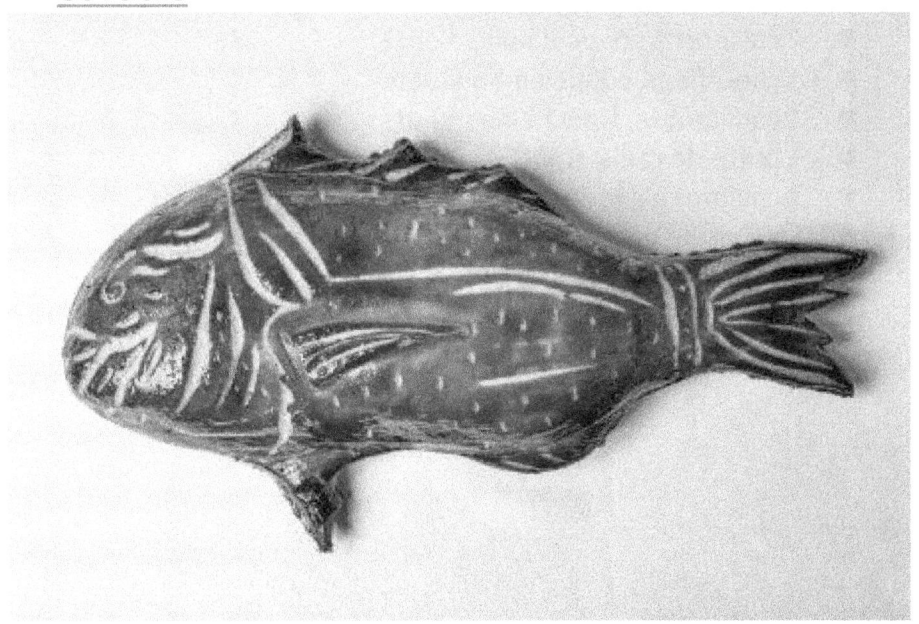

INGRÉDIENTS:
- 4 filets de daurade
- Sel et poivre noir au goût
- 2 cuillères à soupe d'huile d'olive
- 1 chou-fleur, coupé en bouquets
- 1 concombre, tranché finement
- 1 botte de radis, tranchés finement
- 2 cuillères à soupe de moutarde de Dijon
- Feuilles de pâte feuilletée
- 1 œuf (pour la dorure)

INSTRUCTIONS:
a) Préchauffer le four à 400°F (200°C).
b) Assaisonnez les filets de daurade avec du sel et du poivre noir.
c) Dans une poêle, faire chauffer l'huile d'olive à feu moyen-vif. Saisir les filets de daurade jusqu'à ce qu'ils soient légèrement dorés des deux côtés. Mettre de côté.
d) Dans la même poêle, ajoutez les fleurons de chou-fleur et faites cuire jusqu'à ce qu'ils commencent à ramollir. Laisser refroidir.
e) Étalez la pâte feuilletée et tartinez chaque filet de daurade de moutarde de Dijon.
f) Déposez une couche de filet de daurade poêlée sur chaque feuille de pâte en laissant un espace sur les bords.
g) Disposez les fleurons de chou-fleur, les tranches de concombre et les tranches de radis sur les filets de daurade.
h) Pliez la pâte feuilletée sur la garniture au poisson et aux légumes, en scellant les bords. Vous pouvez créer un motif en treillis sur le dessus si vous le souhaitez.
i) Battez l'œuf et badigeonnez-en la pâte feuilletée pour une finition dorée.
j) Placez les Bream Wellingtons sur une plaque à pâtisserie et faites cuire au four pendant 20 à 25 minutes ou jusqu'à ce que la pâte soit dorée.
k) Laissez reposer la daurade Wellington avec le chou-fleur, le concombre et le radis quelques minutes avant de servir. Servir avec un accompagnement de votre sauce préférée ou une vinaigrette légère infusée aux herbes. Savourez ce plat élégant et savoureux !

30. Bœuf Wellington à la Texas

INGRÉDIENTS:
- 2 lb de filet de bœuf
- Sel et poivre noir au goût
- 2 cuillères à soupe d'huile d'olive
- 1 tasse d'oignons caramélisés
- 1 tasse de poitrine cuite et hachée (reste ou achetée en magasin)
- 1/4 tasse de sauce barbecue
- Feuilles de pâte feuilletée
- Moutarde de Dijon
- 1 œuf (pour la dorure)

INSTRUCTIONS:

a) Préchauffer le four à 400°F (200°C).

b) Assaisonner le filet de bœuf avec du sel et du poivre noir.

c) Dans une poêle, faire chauffer l'huile d'olive à feu moyen-vif. Saisir le filet de bœuf jusqu'à ce qu'il soit doré de tous les côtés. Mettre de côté.

d) Dans la même poêle, mélanger les oignons caramélisés, la poitrine hachée et la sauce barbecue. Cuire quelques minutes jusqu'à ce que les saveurs se mélangent. Laissez le mélange refroidir.

e) Étalez la pâte feuilletée et tartinez le filet de bœuf de moutarde de Dijon.

f) Déposer une couche du mélange de poitrine et d'oignons caramélisés sur le bœuf enrobé de moutarde.

g) Enveloppez le mélange de bœuf et de poitrine avec la pâte feuilletée, en scellant les bords. Vous pouvez créer un motif en treillis sur le dessus si vous le souhaitez.

h) Battez l'œuf et badigeonnez-en la pâte feuilletée pour une finition dorée.

i) Placez le bœuf Wellington à la Texas emballé sur une plaque à pâtisserie et faites cuire au four pendant 25 à 30 minutes ou jusqu'à ce que la pâte soit dorée.

j) Laissez le bœuf Wellington à la Texas reposer quelques minutes avant de le trancher. Servir avec une sauce barbecue supplémentaire en accompagnement. Savourez cette version texane du bœuf Wellington classique avec les riches saveurs d'oignons caramélisés et de poitrine !

31. Légumes Wellington

INGRÉDIENTS:
- 1 grosse aubergine, coupée en fines rondelles
- 2 courgettes coupées en fines lanières
- 1 poivron rouge, tranché finement
- 1 poivron jaune, tranché finement
- 1 tasse de tomates cerises, coupées en deux
- 2 tasses d'épinards, hachés
- 1 tasse de fromage feta, émietté
- 2 cuillères à soupe d'huile d'olive
- 2 gousses d'ail, hachées
- Sel et poivre noir au goût
- Feuilles de pâte feuilletée
- Moutarde de Dijon
- 1 œuf (pour la dorure)

INSTRUCTIONS:

a) Préchauffer le four à 400°F (200°C).
b) Dans une poêle, faire chauffer l'huile d'olive à feu moyen. Ajouter l'ail émincé et faire revenir jusqu'à ce qu'il soit parfumé.
c) Ajouter les aubergines tranchées, les courgettes et les poivrons dans la poêle. Cuire jusqu'à ce que les légumes soient tendres. Assaisonner avec du sel et du poivre noir.
d) Incorporer les épinards hachés et les tomates cerises. Cuire jusqu'à ce que les épinards fanent et que les tomates ramollissent. Laissez le mélange refroidir.
e) Étalez la pâte feuilletée et tartinez-la de moutarde de Dijon.
f) Déposez le mélange de légumes cuits sur la pâte recouverte de moutarde.
g) Saupoudrer de fromage feta émietté sur les légumes.
h) Pliez la pâte feuilletée sur la garniture aux légumes et au fromage, en scellant les bords. Vous pouvez créer un motif en treillis sur le dessus si vous le souhaitez.
i) Battez l'œuf et badigeonnez-en la pâte feuilletée pour une finition dorée.
j) Placez les légumes Wellington enveloppés sur une plaque à pâtisserie et faites cuire au four pendant 25 à 30 minutes ou jusqu'à ce que la pâte soit dorée.
k) Laissez les légumes Wellington refroidir pendant quelques minutes avant de les trancher.

32. Jackalope Wellington

INGRÉDIENTS:
- 2 lb de viande de chevreuil ou de lapin, finement pilée
- Sel et poivre noir au goût
- 2 cuillères à soupe d'huile d'olive
- 1 tasse de champignons sauvages (comme les morilles ou les girolles), finement hachés
- 1 oignon, finement haché
- 2 gousses d'ail, hachées
- 1/4 tasse de vin rouge
- Feuilles de pâte feuilletée
- Moutarde de Dijon
- 1 œuf (pour la dorure)

INSTRUCTIONS:
a) Préchauffer le four à 400°F (200°C).
b) Assaisonnez la viande de chevreuil ou de lapin pilée avec du sel et du poivre noir.
c) Dans une poêle, faire chauffer l'huile d'olive à feu moyen-vif. Faire revenir les oignons et l'ail jusqu'à ce qu'ils soient ramollis.
d) Ajoutez les champignons sauvages hachés dans la poêle et faites cuire jusqu'à ce qu'ils libèrent leur humidité.
e) Versez le vin rouge et laissez cuire jusqu'à ce que le liquide s'évapore. Laissez le mélange refroidir.
f) Étalez la pâte feuilletée et tartinez la viande de moutarde de Dijon.
g) Déposez une couche du mélange de champignons sur la viande enrobée de moutarde.
h) Envelopper le mélange de viande et de champignons avec la pâte feuilletée en scellant les bords. Vous pouvez créer un motif en treillis sur le dessus si vous le souhaitez.
i) Battez l'œuf et badigeonnez-en la pâte feuilletée pour une finition dorée.
j) Placez le Jackalope Wellington enveloppé sur une plaque à pâtisserie et faites cuire au four pendant 25 à 30 minutes ou jusqu'à ce que la pâte soit dorée.
k) Laissez le Jackalope Wellington reposer quelques minutes avant de le trancher. Servir avec une sauce aux fruits sauvages ou vos accompagnements préférés. Savourez ce plat imaginatif et savoureux !

33. Bœuf Wellington italien

INGRÉDIENTS :
- 2 lb de filet de bœuf
- Sel et poivre noir au goût
- 2 cuillères à soupe d'huile d'olive
- 1 tasse de prosciutto, tranché finement
- 1 tasse de champignons, finement hachés
- 1 tasse d'épinards, hachés
- 1 tasse de fromage ricotta
- 2 gousses d'ail, hachées
- 1 cuillère à café d'origan séché
- Feuilles de pâte feuilletée
- 1 œuf (pour la dorure)

INSTRUCTIONS :

a) Préchauffer le four à 400°F (200°C).
b) Assaisonner le filet de bœuf avec du sel et du poivre noir.
c) Dans une poêle, faire chauffer l'huile d'olive à feu moyen-vif. Saisir le filet de bœuf jusqu'à ce qu'il soit doré de tous les côtés. Mettre de côté.
d) Dans la même poêle, ajoutez le prosciutto et faites cuire jusqu'à ce qu'il devienne légèrement croustillant. Retirer de la poêle et réserver.
e) Dans la même poêle, ajoutez les champignons et l'ail. Cuire jusqu'à ce que les champignons libèrent leur humidité.
f) Incorporer les épinards hachés et cuire jusqu'à ce qu'ils soient fanés. Retirer du feu et laisser refroidir le mélange.
g) Étalez la pâte feuilletée et étalez une couche de ricotta sur le filet de bœuf.
h) Placez une couche de prosciutto sur la ricotta.
i) Étalez le mélange de champignons et d'épinards sur le prosciutto.
j) Pliez la pâte feuilletée sur les couches de bœuf et la garniture, en scellant les bords. Vous pouvez créer un motif en treillis sur le dessus si vous le souhaitez.
k) Battez l'œuf et badigeonnez-en la pâte feuilletée pour une finition dorée.

l) Placez le bœuf Wellington italien enveloppé sur une plaque à pâtisserie et faites cuire au four pendant 25 à 30 minutes ou jusqu'à ce que la pâte soit dorée.
m) Laissez le bœuf Wellington italien reposer quelques minutes avant de le trancher. Servir avec un accompagnement de sauce marinara ou de réduction balsamique.
n) Profitez de cette version d'inspiration italienne du Wellington classique !

34. Wellington aux lentilles végétariennes

INGRÉDIENTS:
POUR LA GARNITURE AUX LENTILLES :
- 1 tasse de lentilles vertes ou brunes séchées, cuites
- 1 oignon, finement haché
- 2 gousses d'ail, hachées
- 1 carotte, râpée
- 1 branche de céleri, hachée finement
- 1 tasse de champignons, finement hachés
- 1 cuillère à café de thym séché
- 1 cuillère à café de romarin séché
- Sel et poivre noir au goût
- 2 cuillères à soupe de concentré de tomate
- 1/2 tasse de bouillon de légumes
- 1 tasse d'épinards frais, hachés

POUR LE WELLINGTON :
- Feuilles de pâte feuilletée
- Moutarde de Dijon
- 1 œuf (pour la dorure)

INSTRUCTIONS:
POUR LA GARNITURE AUX LENTILLES :
a) Dans une poêle, faire revenir les oignons et l'ail dans l'huile d'olive jusqu'à ce qu'ils soient tendres.
b) Ajouter la carotte râpée, le céleri haché et les champignons. Cuire jusqu'à ce que les légumes soient tendres.
c) Incorporer les lentilles cuites, le thym, le romarin, le sel et le poivre noir.
d) Ajouter le concentré de tomates et le bouillon de légumes. Laisser mijoter jusqu'à ce que le mélange épaississe.
e) Ajouter les épinards frais hachés et cuire jusqu'à ce qu'ils soient fanés. Laissez le mélange refroidir.

POUR LE WELLINGTON :
f) Préchauffer le four à 400°F (200°C).
g) Étalez la pâte feuilletée et étalez dessus une fine couche de moutarde de Dijon.
h) Verser le mélange de lentilles et de légumes au centre de la pâte.

i) Pliez la pâte feuilletée sur la garniture aux lentilles en scellant les bords. Vous pouvez créer un motif en treillis sur le dessus si vous le souhaitez.
j) Battez l'œuf et badigeonnez-en la pâte feuilletée pour une finition dorée.
k) Placez le Wellington aux lentilles végétariennes sur une plaque à pâtisserie et faites cuire au four pendant 25 à 30 minutes ou jusqu'à ce que la pâte soit dorée.
l) Laissez reposer le Veggie Lentil Wellington pendant quelques minutes avant de le trancher. Servir avec un accompagnement de votre sauce ou sauce végétarienne préférée. Savourez ce Wellington végétarien copieux et savoureux !

35. Portobello, noix de pécan et châtaigne Wellington

INGRÉDIENTS:
POUR LE REMPLISSAGE:
- 4 gros champignons portobello, les tiges enlevées
- 1 tasse de pacanes, grillées et hachées
- 1 tasse de châtaignes grillées et pelées
- 2 cuillères à soupe d'huile d'olive
- 1 oignon, finement haché
- 3 gousses d'ail, émincées
- 1 cuillère à café de feuilles de thym frais
- Sel et poivre noir au goût
- 1 tasse d'épinards frais, hachés
- 1/2 tasse de chapelure
- 1/2 tasse de bouillon de légumes

POUR LE WELLINGTON :
- Feuilles de pâte feuilletée
- Moutarde de Dijon
- 1 œuf (pour la dorure)

INSTRUCTIONS:
POUR LE REMPLISSAGE:
a) Préchauffer le four à 400°F (200°C).
b) Placer les champignons portobello sur une plaque à pâtisserie. Arroser d'huile d'olive, assaisonner de sel et de poivre et rôtir pendant environ 15 à 20 minutes jusqu'à tendreté. Laissez-les refroidir.
c) Dans une poêle, faire revenir les oignons et l'ail dans l'huile d'olive jusqu'à ce qu'ils soient tendres.
d) Ajouter les châtaignes hachées, les pacanes grillées et le thym frais dans la poêle. Cuire quelques minutes jusqu'à ce qu'il soit parfumé.
e) Incorporer les épinards frais et cuire jusqu'à ce qu'ils soient fanés.
f) Ajouter la chapelure et le bouillon de légumes dans la poêle pour créer une farce moelleuse. Assaisonnez avec du sel et du poivre.
g) Retirez les branchies des champignons portobello refroidis et placez-les sur une feuille de pellicule plastique en les chevauchant légèrement.

h) Étalez le mélange de noix de pécan, de châtaignes et d'épinards sur les champignons.
i) Roulez les champignons et remplissez-les en forme de bûche à l'aide du film plastique. Refroidir au réfrigérateur pendant environ 30 minutes.

POUR LE WELLINGTON :
j) Préchauffer le four à 400°F (200°C).
k) Étalez la pâte feuilletée et étalez dessus une fine couche de moutarde de Dijon.
l) Déballez les champignons refroidis et la bûche de garniture et placez-les au centre de la pâte.
m) Replier la pâte feuilletée sur la bûche en scellant les bords. Vous pouvez créer un motif en treillis sur le dessus si vous le souhaitez.
n) Battez l'œuf et badigeonnez-en la pâte feuilletée pour une finition dorée.
o) Placez les champignons portobello rôtis, les pacanes et les châtaignes Wellington sur une plaque à pâtisserie et faites cuire au four pendant 25 à 30 minutes ou jusqu'à ce que la pâte soit dorée.
p) Laissez le Wellington reposer quelques minutes avant de le trancher. Servir avec un accompagnement de votre sauce aux champignons préférée. Savourez ce Wellington végétarien élégant et savoureux !

36.Porc Wellington

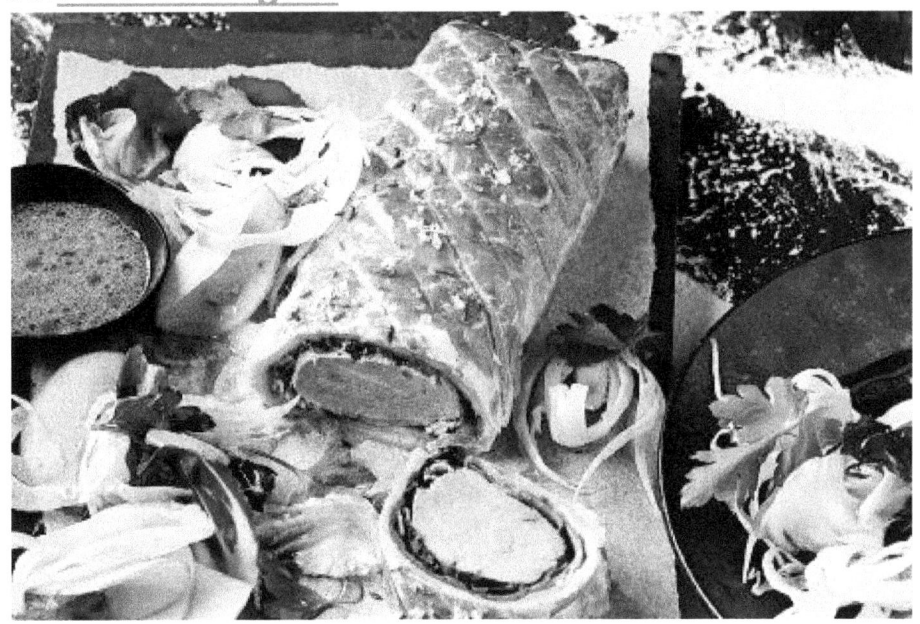

INGRÉDIENTS:
POUR LE PORC :
- 2 lb de filet de porc
- Sel et poivre noir au goût
- 2 cuillères à soupe d'huile d'olive
- Moutarde de Dijon

POUR LES DUXELLES DE CHAMPIGNONS :
- 2 tasses de champignons, finement hachés
- 2 cuillères à soupe de beurre
- 2 gousses d'ail, hachées
- Sel et poivre noir au goût
- 2 cuillères à soupe de persil frais haché

POUR LE MONTAGE :
- Feuilles de pâte feuilletée
- Tranches de prosciutto
- 1 œuf (pour la dorure)

INSTRUCTIONS:
POUR LE PORC :
a) Préchauffer le four à 400°F (200°C).
b) Assaisonner le filet de porc avec du sel et du poivre noir.
c) Dans une poêle, faire chauffer l'huile d'olive à feu moyen-vif. Saisir le filet de porc jusqu'à ce qu'il soit doré de tous les côtés. Laisser refroidir.
d) Une fois refroidi, badigeonnez le porc de moutarde de Dijon.

POUR LES DUXELLES DE CHAMPIGNONS :
e) Dans la même poêle, faire fondre le beurre à feu moyen. Ajouter l'ail émincé et faire revenir jusqu'à ce qu'il soit parfumé.
f) Ajouter les champignons hachés dans la poêle et cuire jusqu'à ce qu'ils libèrent leur humidité.
g) Assaisonner avec du sel et du poivre noir. Incorporer le persil frais et cuire jusqu'à ce que le mélange soit bien mélangé . Laissez-le refroidir.

POUR LE MONTAGE :
h) Étalez la pâte feuilletée et déposez dessus les tranches de prosciutto en les chevauchant légèrement.

i) Étalez une fine couche de duxelles de champignons sur le prosciutto.
j) Placer le filet de porc badigeonné de Dijon sur le mélange de champignons.
k) Étalez la pâte feuilletée sur le porc et scellez les bords. Vous pouvez créer un motif en treillis sur le dessus si vous le souhaitez.
l) Battez l'œuf et badigeonnez-en la pâte feuilletée pour une finition dorée.
m) Placer le porc Wellington sur une plaque à pâtisserie et cuire au four pendant 25 à 30 minutes ou jusqu'à ce que la pâte soit dorée.
n) Laissez le porc Wellington reposer quelques minutes avant de le trancher. Servir avec un accompagnement de votre sauce ou sauce préférée. Savourez cette version délicieuse et élégante du Wellington classique !

37. Bœuf Wellington grillé

INGRÉDIENTS:
POUR LE BOEUF:
- 2 lb de filet de bœuf
- Sel et poivre noir au goût
- 2 cuillères à soupe d'huile d'olive
- Moutarde de Dijon

POUR LES DUXELLES DE CHAMPIGNONS :
- 2 tasses de champignons, finement hachés
- 2 cuillères à soupe de beurre
- 2 gousses d'ail, hachées
- Sel et poivre noir au goût
- 2 cuillères à soupe de persil frais haché

POUR LE MONTAGE :
- Feuilles de pâte feuilletée
- Tranches de prosciutto
- 1 œuf (pour la dorure)

INSTRUCTIONS:
POUR LE BOEUF:
a) Préchauffer le gril à feu moyen-vif.
b) Assaisonner le filet de bœuf avec du sel et du poivre noir.
c) Saisir le bœuf sur le grill chaud quelques minutes de chaque côté pour obtenir une belle saisie. Cette étape est essentielle pour sceller les jus.
d) Laissez refroidir le bœuf grillé, puis badigeonnez-le de moutarde de Dijon.

POUR LES DUXELLES DE CHAMPIGNONS :
e) Dans une poêle, faire fondre le beurre à feu moyen. Ajouter l'ail émincé et faire revenir jusqu'à ce qu'il soit parfumé.
f) Ajouter les champignons hachés dans la poêle et cuire jusqu'à ce qu'ils libèrent leur humidité.
g) Assaisonner avec du sel et du poivre noir. Incorporer le persil frais et cuire jusqu'à ce que le mélange soit bien mélangé . Laissez-le refroidir.

POUR LE MONTAGE :
h) Étalez la pâte feuilletée sur une surface propre.

i) Disposez les tranches de prosciutto sur la pâte feuilletée, en les chevauchant légèrement.
j) Étalez une fine couche de duxelles de champignons sur le prosciutto.
k) Placer le filet de bœuf grillé badigeonné de Dijon sur le mélange de champignons.
l) Étalez la pâte feuilletée sur le bœuf et scellez les bords. Vous pouvez créer un motif en treillis sur le dessus si vous le souhaitez.
m) Battez l'œuf et badigeonnez-en la pâte feuilletée pour une finition dorée.
n) Transférez délicatement le Wellington enveloppé sur le gril. Utilisez la chaleur indirecte pour éviter de brûler le fond de la pâte.
o) Faites griller le bœuf Wellington pendant environ 20 à 25 minutes ou jusqu'à ce que la pâte soit dorée et que la température interne du bœuf atteigne le niveau de cuisson souhaité.
p) Laissez le bœuf Wellington grillé reposer quelques minutes avant de le trancher. Servir avec un accompagnement de votre sauce ou sauce préférée. Savourez les bienfaits fumés du grill !

38. Wellington de dinde aux figues et à la sauge

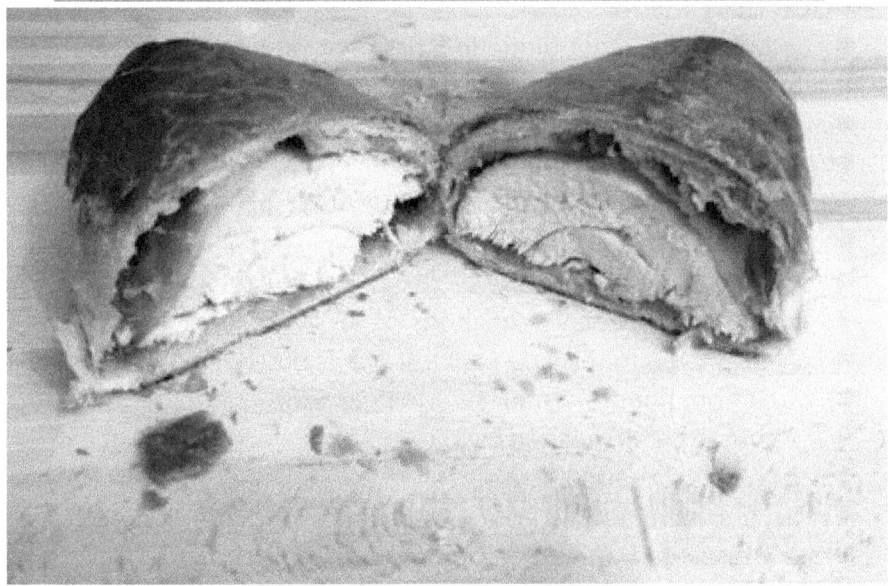

INGRÉDIENTS:
POUR LA TURQUIE :
- 2 lb de poitrine de dinde, désossée et sans peau
- Sel et poivre noir au goût
- 2 cuillères à soupe d'huile d'olive
- Moutarde de Dijon

POUR LA FARCE AUX FIGUES ET À LA SAUGE :
- 1 tasse de figues séchées, hachées
- 1 tasse de chapelure
- 1/2 tasse de pacanes, hachées
- 1/4 tasse de feuilles de sauge fraîches, hachées
- 1 oignon, finement haché
- 2 gousses d'ail, hachées
- 2 cuillères à soupe de beurre
- Sel et poivre noir au goût
- 1/2 tasse de bouillon de poulet ou de dinde

POUR LE MONTAGE :
- Feuilles de pâte feuilletée
- Tranches de prosciutto
- 1 œuf (pour la dorure)

INSTRUCTIONS:
POUR LA TURQUIE :
a) Préchauffer le four à 400°F (200°C).
b) Assaisonner la poitrine de dinde avec du sel et du poivre noir.
c) Dans une poêle, faire chauffer l'huile d'olive à feu moyen-vif. Saisir la poitrine de dinde jusqu'à ce qu'elle soit dorée de tous les côtés. Laisser refroidir.
d) Une fois refroidie, badigeonnez la dinde de moutarde de Dijon.

POUR LA FARCE AUX FIGUES ET À LA SAUGE :
e) Dans la même poêle, faire fondre le beurre à feu moyen. Ajouter les oignons hachés et l'ail. Faire sauter jusqu'à ce qu'il soit ramolli.
f) Ajouter les figues hachées, la chapelure, les pacanes et la sauge fraîche dans la poêle. Cuire quelques minutes jusqu'à ce que le mélange soit bien mélangé .

g) Assaisonner avec du sel et du poivre noir. Versez du bouillon de poulet ou de dinde pour humidifier la farce. Laissez-le refroidir.

POUR LE MONTAGE :

h) Étalez la pâte feuilletée sur une surface propre.
i) Disposez les tranches de prosciutto sur la pâte feuilletée, en les chevauchant légèrement.
j) Étalez une fine couche de farce aux figues et à la sauge sur le prosciutto.
k) Placer la poitrine de dinde badigeonnée de Dijon sur la farce.
l) Étalez la pâte feuilletée sur la dinde et scellez les bords. Vous pouvez créer un motif en treillis sur le dessus si vous le souhaitez.
m) Battez l'œuf et badigeonnez-en la pâte feuilletée pour une finition dorée.
n) Placez le Wellington de dinde aux figues et à la sauge enveloppé sur une plaque à pâtisserie et faites cuire au four pendant 30 à 35 minutes ou jusqu'à ce que la pâte soit dorée.
o) Laissez reposer la dinde Wellington aux figues et à la sauge pendant quelques minutes avant de la trancher. Servir avec un accompagnement de sauce aux canneberges ou de sauce à la dinde. Profitez de ce Wellington festif et savoureux !

39. Wellington au fromage bleu et au bœuf

INGRÉDIENTS:
POUR LE BOEUF:
- 2 lb de filet de bœuf
- Sel et poivre noir au goût
- 2 cuillères à soupe d'huile d'olive
- Moutarde de Dijon

POUR LES DUXELLES AU FROMAGE BLEU ET CHAMPIGNONS :
- 2 tasses de champignons, finement hachés
- 2 cuillères à soupe de beurre
- 2 gousses d'ail, hachées
- Sel et poivre noir au goût
- 1/2 tasse de fromage bleu, émietté
- 2 cuillères à soupe de feuilles de thym frais

POUR LE MONTAGE :
- Feuilles de pâte feuilletée
- Tranches de prosciutto
- 1 œuf (pour la dorure)

INSTRUCTIONS:
POUR LE BOEUF:
a) Préchauffer le four à 400°F (200°C).
b) Assaisonner le filet de bœuf avec du sel et du poivre noir.
c) Dans une poêle, faire chauffer l'huile d'olive à feu moyen-vif. Saisir le filet de bœuf jusqu'à ce qu'il soit doré de tous les côtés. Laisser refroidir.
d) Une fois refroidi, badigeonnez le bœuf de moutarde de Dijon.

POUR LES DUXELLES AU FROMAGE BLEU ET CHAMPIGNONS :
e) Dans la même poêle, faire fondre le beurre à feu moyen. Ajouter l'ail émincé et faire revenir jusqu'à ce qu'il soit parfumé.
f) Ajouter les champignons hachés dans la poêle et cuire jusqu'à ce qu'ils libèrent leur humidité.
g) Assaisonner avec du sel et du poivre noir. Incorporer le fromage bleu émietté et le thym frais. Cuire jusqu'à ce que le mélange soit bien mélangé . Laissez-le refroidir.

POUR LE MONTAGE :
h) Étalez la pâte feuilletée sur une surface propre.

i) Disposez les tranches de prosciutto sur la pâte feuilletée, en les chevauchant légèrement.
j) Étalez une fine couche de duxelles de fromage bleu et de champignons sur le prosciutto.
k) Disposer le filet de bœuf badigeonné de Dijon sur les duxelles .
l) Étalez la pâte feuilletée sur le bœuf et les duxelles en scellant les bords. Vous pouvez créer un motif en treillis sur le dessus si vous le souhaitez.
m) Battez l'œuf et badigeonnez-en la pâte feuilletée pour une finition dorée.
n) Placez le fromage bleu et le bœuf Wellington enveloppés sur une plaque à pâtisserie et faites cuire au four pendant 25 à 30 minutes ou jusqu'à ce que la pâte soit dorée.

40. Filet de porc avec pâte feuilletée au four

INGRÉDIENTS:
- 1 feuille de pâte feuilletée
- 1 filet de porc
- 6 tranches de bacon
- 6 tranches de fromage
- 1 œuf battu

INSTRUCTIONS:

a) Préchauffer le four à 220°C.
b) Assaisonner le filet de poivre et le faire dorer dans une poêle.
c) Réservez et laissez refroidir.
d) Étirez la feuille de pâte feuilletée.
e) Dans la partie centrale, placez les tranches de fromage puis les tranches de lard de manière à ce qu'elles enveloppent ensuite le surlonge.
f) Une fois le filet refroidi , déposez-le sur le bacon.
g) Enfin, fermez la pâte feuilletée.
h) Tartiner le filet de porc enveloppé dans une pâte feuilletée avec l'œuf battu et mettre au four environ 30 minutes.

EN CROÛTE

41.Saumon belge en pâte feuilletée

INGRÉDIENTS:
- 2 feuilles de pâte feuilletée, décongelées si congelées
- 2 filets de saumon, peau enlevée
- 1 tasse de feuilles d'épinards frais
- 4 onces de fromage à la crème, ramolli
- 2 cuillères à soupe d'aneth frais haché
- 1 cuillère à soupe de moutarde de Dijon
- Sel et poivre au goût
- 1 œuf battu (pour la dorure des œufs)

INSTRUCTIONS:

a) Préchauffez votre four à 400°F (200°C). Tapisser une plaque à pâtisserie de papier sulfurisé.

b) Étalez chaque feuille de pâte feuilletée sur une surface légèrement farinée jusqu'à ce qu'elle soit suffisamment grande pour entourer un filet de saumon.

c) Dans un bol à mélanger, mélanger le fromage à la crème ramolli, l'aneth frais haché, la moutarde de Dijon, le sel et le poivre. Bien mélanger pour combiner.

d) Déposez un filet de saumon sur chaque feuille de pâte feuilletée étalée. Assaisonnez le saumon avec du sel et du poivre.

e) Étalez une couche de feuilles d'épinards frais sur chaque filet de saumon.

f) Répartir uniformément le mélange de fromage à la crème sur la couche d'épinards, en recouvrant les filets de saumon.

g) Pliez délicatement la pâte feuilletée sur le saumon et la garniture, en scellant les bords en les pressant ensemble. Coupez l'excédent de pâte si nécessaire.

h) Transférez les parcelles de saumon enveloppées sur la plaque à pâtisserie préparée, joint vers le bas.

i) Badigeonnez le dessus de chaque pâte feuilletée avec l'œuf battu pour créer une croûte dorée et brillante.

j) À l'aide d'un couteau bien aiguisé, faites quelques entailles sur le dessus de chaque pâte pour permettre à la vapeur de s'échapper pendant la cuisson.

k) Cuire au four préchauffé pendant environ 20 à 25 minutes, ou jusqu'à ce que la pâte feuilletée soit dorée et que le saumon soit bien cuit.

l) Sortez le saumon belge en pâte feuilletée du four et laissez-le reposer quelques minutes avant de servir.

m) Tranchez le saumon en croûte en portions épaisses et servez-la chaude. Il se marie bien avec un accompagnement de légumes cuits à la vapeur ou une salade fraîche.

42. Seitan En Croûte

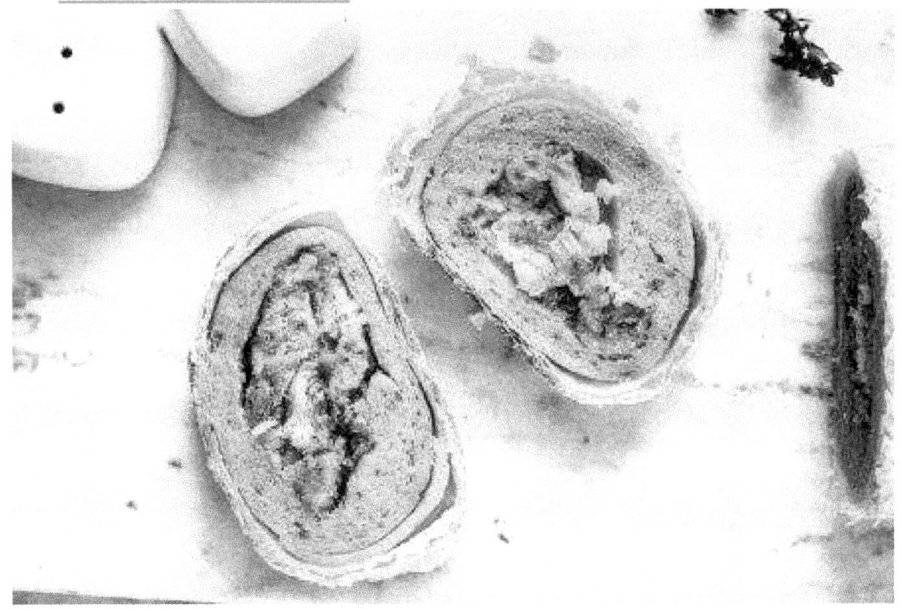

INGRÉDIENTS:
- 1 cuillère à soupe d'huile d'olive
- 2 échalotes moyennes, hachées
- onces de champignons blancs, émincés
- $1/4$ tasse de Madère
- 1 cuillère à soupe de persil frais émincé
- $1/2$ cuillère à café de thym séché
- $1/2$ cuillère à café de sarriette séchée
- 2 tasses de cubes de pain sec finement hachés
- Sel et poivre noir fraîchement moulu
- 1 feuille de pâte feuilletée surgelée, décongelée
- ($1/4$ pouce d'épaisseur) tranches de seitan d'environ 3 ovales ou rectangles de 4 pouces, épongées

INSTRUCTIONS:
a) Dans une grande poêle, chauffer l'huile à feu moyen.
b) Ajouter les échalotes et cuire jusqu'à ce qu'elles soient ramollies, environ 3 minutes. Ajouter les champignons et cuire, en remuant de temps en temps, jusqu'à ce que les champignons soient ramollis, environ 5 minutes.
c) Ajouter le Madiera, le persil, le thym et la sarriette et cuire jusqu'à ce que le liquide soit presque évaporé. Incorporer les cubes de pain et assaisonner de sel et de poivre au goût. Laisser refroidir.
d) Posez la feuille de pâte feuilletée sur un grand morceau de film plastique posé sur une surface de travail plane. Garnir d'un autre morceau de pellicule plastique et utiliser un rouleau à pâtisserie pour étaler légèrement la pâte afin de la lisser. Coupez la pâte en quatre.
e) Déposez 1 tranche de seitan au centre de chaque morceau de pâte. Répartissez la farce entre eux en l'étalant pour recouvrir le seitan. Garnir chacun avec les tranches de seitan restantes. Repliez la pâte pour enfermer la garniture, en sertissant les bords avec les doigts pour sceller.
f) Placer les paquets de pâtisserie, joint vers le bas, sur une grande plaque à pâtisserie non graissée et réfrigérer 30 minutes.
g) Préchauffer le four à 400°F. Cuire au four jusqu'à ce que la croûte soit dorée, environ 20 minutes. Sers immédiatement.

43. En croûte de poulet et champignons

INGRÉDIENTS:
- 4 poitrines de poulet
- Sel et poivre noir au goût
- Huile d'olive
- 1 tasse de champignons, tranchés
- 2 gousses d'ail, hachées
- Feuilles de pâte feuilletée
- Fromage Frais
- Feuilles de thym frais
- 1 œuf (pour la dorure)

INSTRUCTIONS:
a) Préchauffer le four à 400°F (200°C).
b) Assaisonnez les poitrines de poulet avec du sel et du poivre noir.
c) Dans une poêle, faire revenir les champignons et l'ail dans l'huile d'olive jusqu'à ce qu'ils soient tendres.
d) Étalez la pâte feuilletée et étalez une couche de fromage à la crème.
e) Placez une poitrine de poulet dessus, déposez-y des champignons et saupoudrez de thym frais.
f) Pliez la pâte feuilletée sur le poulet en scellant les bords.
g) Battez l'œuf et badigeonnez-en la pâte feuilletée.
h) Cuire au four pendant 25 à 30 minutes ou jusqu'à ce que la pâte soit dorée.

44. Croûte De Légumes

INGRÉDIENTS:
- 1 aubergine, tranchée
- 2 courgettes, tranchées
- 1 poivron rouge, tranché
- Huile d'olive
- Sel et poivre noir au goût
- Feuilles de pâte feuilletée
- Sauce pesto
- Fromage feta, émietté
- 1 œuf (pour la dorure)

INSTRUCTIONS:
a) Préchauffer le four à 400°F (200°C).
b) Mélanger les tranches d'aubergines, de courgettes et de poivrons rouges dans l'huile d'olive, le sel et le poivre noir.
c) Étalez la pâte feuilletée et étalez une couche de sauce pesto.
d) Disposez les tranches de légumes sur la pâte nappée de pesto, parsemez de feta émiettée.
e) Replier la pâte feuilletée sur les légumes en scellant les bords.
f) Battez l'œuf et badigeonnez-en la pâte feuilletée.
g) Cuire au four pendant 20 à 25 minutes ou jusqu'à ce que la pâte soit dorée.

45. Boeuf et Fromage Bleu Fr Croûte

INGRÉDIENTS:
- 1 lb de filet de bœuf, tranché finement
- Sel et poivre noir au goût
- Huile d'olive
- Feuilles de pâte feuilletée
- Fromage bleu, émietté
- Oignons caramélisés
- 1 œuf (pour la dorure)

INSTRUCTIONS:
a) Préchauffer le four à 400°F (200°C).
b) Assaisonnez les tranches de bœuf avec du sel et du poivre noir.
c) Dans une poêle, saisir les tranches de bœuf dans l'huile d'olive jusqu'à ce qu'elles soient dorées.
d) Étalez la pâte feuilletée et déposez-y du fromage bleu.
e) Disposez dessus les tranches de bœuf , ajoutez les oignons caramélisés .
f) Pliez la pâte feuilletée sur le bœuf et les oignons en scellant les bords.
g) Battez l'œuf et badigeonnez-en la pâte feuilletée.
h) Cuire au four pendant 20 à 25 minutes ou jusqu'à ce que la pâte soit dorée.

46. Épinards et feta en croûte

INGRÉDIENTS:
- Feuilles de pâte feuilletée
- 2 tasses d'épinards frais, hachés
- 1 tasse de fromage feta, émietté
- 1/4 tasse de pignons de pin
- 2 gousses d'ail, hachées
- Huile d'olive
- Sel et poivre noir au goût
- 1 œuf (pour la dorure)

INSTRUCTIONS:
a) Préchauffer le four à 400°F (200°C).
b) Étalez la pâte feuilletée et étalez une couche d'épinards frais hachés.
c) Saupoudrer de fromage feta émietté, de pignons de pin et d'ail émincé sur les épinards.
d) Arroser d'huile d'olive et assaisonner de sel et de poivre noir.
e) Pliez la pâte feuilletée sur la garniture en scellant les bords.
f) Battez l'œuf et badigeonnez-en la pâte feuilletée.
g) Cuire au four pendant 20 à 25 minutes ou jusqu'à ce que la pâte soit dorée.

47. Ratatouille En Croûte

INGRÉDIENTS :
- Feuilles de pâte feuilletée
- 1 aubergine, tranchée
- 2 courgettes, tranchées
- 1 poivron, coupé en dés
- 1 oignon, coupé en dés
- 2 tomates, tranchées
- Huile d'olive
- Herbes de Provence
- Sel et poivre noir au goût
- 1 œuf (pour la dorure)

INSTRUCTIONS :

a) Préchauffer le four à 400°F (200°C).
b) Étalez la pâte feuilletée et disposez-y les tranches d'aubergines, de courgettes, de poivrons, d'oignons et de tomates.
c) Arroser d'huile d'olive, saupoudrer d'herbes de Provence, de sel et de poivre noir.
d) Replier la pâte feuilletée sur les légumes en scellant les bords.
e) Battez l'œuf et badigeonnez-en la pâte feuilletée.
f) Cuire au four pendant 25 à 30 minutes ou jusqu'à ce que la pâte soit dorée.

48.Crevettes et asperges en croûte

INGRÉDIENTS:
- Feuilles de pâte feuilletée
- 1 lb de crevettes, décortiquées et déveinées
- 1 botte d'asperges, parées
- 2 cuillères à soupe d'huile d'olive
- Poudre d'ail
- Zeste de citron
- Sel et poivre noir au goût
- 1 œuf (pour la dorure)

INSTRUCTIONS:
a) Préchauffer le four à 400°F (200°C).
b) Étalez la pâte feuilletée et disposez-y des couches de crevettes et d'asperges.
c) Arroser d'huile d'olive, saupoudrer de poudre d'ail, de zeste de citron, de sel et de poivre noir.
d) Pliez la pâte feuilletée sur les crevettes et les asperges en scellant les bords.
e) Battez l'œuf et badigeonnez-en la pâte feuilletée.
f) Cuire au four pendant 20 à 25 minutes ou jusqu'à ce que la pâte soit dorée.

49. Pomme et Brie En Croûte

INGRÉDIENTS:
- Feuilles de pâte feuilletée
- 2 pommes, tranchées finement
- Fromage brie, tranché
- 1/4 tasse de miel
- 1/4 tasse de noix hachées
- Cannelle
- 1 œuf (pour la dorure)

INSTRUCTIONS:
a) Préchauffer le four à 400°F (200°C).
b) Étalez la pâte feuilletée et déposez-y des tranches de pommes et du brie.
c) Arroser de miel, saupoudrer de noix hachées et d'une pincée de cannelle.
d) Pliez la pâte feuilletée sur les pommes et le Brie en scellant les bords.
e) Battez l'œuf et badigeonnez-en la pâte feuilletée.
f) Cuire au four pendant 20 à 25 minutes ou jusqu'à ce que la pâte soit dorée.

50. Brie en Croute

INGRÉDIENTS:
- 1 meule de fromage Brie (environ 8 onces)
- 1 feuille de pâte feuilletée, décongelée
- 2-3 cuillères à soupe de conserves de fruits (l'abricot, la figue ou la framboise fonctionnent bien)
- 1 œuf (pour la dorure)
- Crackers ou baguette tranchée (pour servir)

INSTRUCTIONS:
a) Préchauffer le four à 400°F (200°C).
b) Étalez la pâte feuilletée sur une surface légèrement farinée, en vous assurant qu'elle est suffisamment grande pour envelopper complètement le Brie.
c) Placer la roue de Brie au centre de la pâte feuilletée.
d) Étalez des conserves de fruits sur le dessus du Brie. Vous pouvez utiliser le dos d'une cuillère pour l'étaler doucement et uniformément.
e) Pliez la pâte feuilletée sur le Brie en l'enfermant complètement. Scellez les bords en les pressant ensemble.
f) Battez l'œuf et badigeonnez-en toute la surface de la pâte feuilletée. Cela lui donnera une belle couleur dorée à la cuisson.
g) Placer le Brie enveloppé sur une plaque à pâtisserie recouverte de papier sulfurisé.
h) Cuire au four préchauffé pendant 20 à 25 minutes ou jusqu'à ce que la pâte feuilletée soit dorée et croustillante.
i) Autoriser le Brie En Laisser refroidir quelques minutes avant de servir.
j) Servir avec des craquelins ou des tranches de baguette. Vous pouvez également arroser le dessus de fruits en conserve supplémentaires pour plus de douceur.
k) Savourez les bienfaits gluants et fondants du Brie enveloppé dans une pâte feuilletée !
l) Ce Brie En Le croûte constitue un apéritif élégant et apprécié de tous pour diverses occasions.

51. Pâté en croûte rustique

INGRÉDIENTS:
POUR LE PÂTÉ :
- 1 lb d'épaule de porc, finement hachée
- 1/2 lb de foies de poulet, parés
- 1/2 tasse de bacon, finement haché
- 1 petit oignon, finement haché
- 2 gousses d'ail, hachées
- 1 cuillère à café de thym séché
- 1 cuillère à café de romarin séché
- 1/2 tasse de cognac
- Sel et poivre noir au goût
- 1 œuf (pour la dorure)

POUR LA PÂTE:
- 2 feuilles de pâte feuilletée, décongelées
- Moutarde de Dijon

INSTRUCTIONS:
POUR LE PÂTÉ :
a) Préchauffer le four à 375°F (190°C).
b) Dans une poêle, faire revenir le bacon jusqu'à ce qu'il commence à devenir croustillant. Ajouter les oignons et l'ail et cuire jusqu'à ce qu'ils soient ramollis.
c) Ajouter le porc haché, les foies de poulet, le thym, le romarin, le sel et le poivre noir dans la poêle. Cuire jusqu'à ce que la viande soit dorée .
d) Versez le cognac et laissez mijoter quelques minutes jusqu'à ce que la majeure partie du liquide s'évapore. Laissez le mélange refroidir.

POUR LA PÂTE:
e) Étalez une feuille de pâte feuilletée sur une surface légèrement farinée.
f) Étalez une fine couche de moutarde de Dijon sur la pâte.
g) Placer le mélange de pâté refroidi au centre de la pâte.
h) Étalez la deuxième feuille de pâte feuilletée et déposez-la sur le mélange de pâté.

i) Scellez les bords de la pâte en veillant à ce qu'il n'y ait pas d'ouverture.
j) Battez l'œuf et badigeonnez-le sur toute la surface de la pâte pour une finition dorée.
k) Utilisez un couteau pour créer des motifs décoratifs sur la pâtisserie.
l) Placez le Pâté en Croûter sur une plaque à pâtisserie tapissée de papier sulfurisé.
m) Cuire au four préchauffé pendant 35 à 40 minutes ou jusqu'à ce que la pâte soit dorée.
n) Autoriser le Pâté Rustique fr Laissez refroidir un peu la croûte avant de la trancher.
o) Servir le Pâté Rustique fr Croûte aux cornichons, moutarde de Dijon et pain croustillant pour une délicieuse entrée. Profitez des saveurs riches et savoureuses !

52. Filet de Boeuf en Croûte

INGRÉDIENTS:
POUR LE BOEUF:
- 2 lb de filet de bœuf
- Sel et poivre noir au goût
- 2 cuillères à soupe d'huile d'olive
- Moutarde de Dijon

POUR LES DUXELLES DE CHAMPIGNONS :
- 2 tasses de champignons, finement hachés
- 2 cuillères à soupe de beurre
- 2 gousses d'ail, hachées
- Sel et poivre noir au goût
- 2 cuillères à soupe de feuilles de thym frais

POUR LE MONTAGE :
- Feuilles de pâte feuilletée
- Tranches de prosciutto
- 1 œuf (pour la dorure)

INSTRUCTIONS:
POUR LE BOEUF:
a) Préchauffer le four à 400°F (200°C).
b) Assaisonner le filet de bœuf avec du sel et du poivre noir.
c) Dans une poêle, faire chauffer l'huile d'olive à feu moyen-vif. Saisir le filet de bœuf jusqu'à ce qu'il soit doré de tous les côtés. Laisser refroidir.
d) Une fois refroidi, badigeonnez le bœuf de moutarde de Dijon.

POUR LES DUXELLES DE CHAMPIGNONS :
e) Dans la même poêle, faire fondre le beurre à feu moyen. Ajouter l'ail émincé et faire revenir jusqu'à ce qu'il soit parfumé.
f) Ajouter les champignons hachés dans la poêle et cuire jusqu'à ce qu'ils libèrent leur humidité.
g) Assaisonner avec du sel et du poivre noir. Incorporer le thym frais et cuire jusqu'à ce que le mélange soit bien mélangé . Laissez-le refroidir.

POUR LE MONTAGE :
h) Étalez la pâte feuilletée sur une surface propre.

i) Disposez les tranches de prosciutto sur la pâte feuilletée, en les chevauchant légèrement.
j) Étalez une fine couche de duxelles de champignons sur le prosciutto.
k) Disposer le filet de bœuf badigeonné de Dijon sur les duxelles.
l) Étalez la pâte feuilletée sur le bœuf et les duxelles en scellant les bords. Vous pouvez créer un motif en treillis sur le dessus si vous le souhaitez.
m) Battez l'œuf et badigeonnez-en la pâte feuilletée pour une finition dorée.
n) Placez le Filet de Bœuf enveloppé dans Croûter sur une plaque à pâtisserie et cuire au four pendant 25 à 30 minutes ou jusqu'à ce que la pâte soit dorée.
o) Autoriser le Filet de Bœuf fr Laissez reposer la croûte quelques minutes avant de la trancher. Servir avec une réduction de vin rouge ou votre sauce préférée. Savourez ce bœuf Wellington d'inspiration française !

53. Pâté en croûte de canard

INGRÉDIENTS:
POUR LA REMPLISSAGE DU CANARD :
- 1 lb de viande de canard, finement hachée
- 1/2 lb d'épaule de porc, finement hachée
- 1/2 tasse de foie de canard, finement haché
- 1 petit oignon, finement haché
- 2 gousses d'ail, hachées
- 2 cuillères à soupe de cognac
- 1 cuillère à café de thym séché
- 1 cuillère à café de romarin séché
- Sel et poivre noir au goût

POUR LA PÂTE:
- 2 feuilles de pâte feuilletée, décongelées
- 1 œuf (pour la dorure)

INSTRUCTIONS:
POUR LA REMPLISSAGE DU CANARD :
a) Préchauffer le four à 375°F (190°C).
b) Dans un grand bol à mélanger, mélanger le canard haché, le porc haché, le foie de canard haché, l'oignon haché, l'ail émincé, le cognac, le thym séché, le romarin séché, le sel et le poivre noir. Bien mélanger jusqu'à ce que tous les ingrédients soient uniformément répartis.
c) Dans une poêle, faites cuire une petite quantité du mélange selon votre goût pour l'assaisonnement. Ajustez le sel et le poivre si nécessaire.

POUR LA PÂTE:
d) Étalez une feuille de pâte feuilletée sur une surface légèrement farinée. Ce sera la base.
e) Placez la moitié du mélange de canard sur la pâte feuilletée étalée, en lui donnant la forme d'une bûche au centre.
f) Étalez la deuxième feuille de pâte feuilletée et déposez-la sur la préparation au canard en scellant les bords. Coupez tout excédent de pâte si nécessaire.
g) Battez l'œuf et badigeonnez-le sur toute la surface de la pâte feuilletée pour une finition dorée.

h) Utilisez un couteau pour créer des motifs décoratifs sur la pâtisserie.
i) Placez le Pâté de Canard et Croûter sur une plaque à pâtisserie tapissée de papier sulfurisé.
j) Cuire au four préchauffé pendant 35 à 40 minutes ou jusqu'à ce que la pâte soit dorée et que la température interne atteigne au moins 160 °F (71 °C).
k) Autoriser le Pâté de Canard fr Laissez refroidir un peu la croûte avant de la trancher.
l) Servir le Pâté de Canard Croûte au pain croustillant, moutarde de Dijon et cornichons pour une entrée élégante ou une partie d'un plateau de charcuterie. Savourez les saveurs riches et savoureuses de ce plat français classique !

54. Poulet fr Croûte au Salami, Suisse et Fromage Bleu

INGRÉDIENTS:
POUR LA REMPLISSAGE DU POULET :
- 4 poitrines de poulet désossées et sans peau
- Sel et poivre noir au goût
- 2 tasses d'épinards frais, hachés
- 1/2 tasse de salami épicé, tranché finement
- 1/2 tasse de fromage suisse, râpé
- 1/4 tasse de fromage bleu, émietté
- 2 gousses d'ail, hachées
- 2 cuillères à soupe d'huile d'olive

POUR LA PÂTE FEUILLÉE :
- 2 feuilles de pâte feuilletée, décongelées
- Moutarde de Dijon

POUR LE MONTAGE :
- 1 œuf (pour la dorure)

INSTRUCTIONS:
POUR LA REMPLISSAGE DU POULET :
a) Préchauffer le four à 400°F (200°C).
b) Assaisonnez les poitrines de poulet avec du sel et du poivre noir.
c) Dans une poêle, faire chauffer l'huile d'olive à feu moyen-vif. Faire revenir l'ail émincé jusqu'à ce qu'il soit parfumé.
d) Ajouter les épinards hachés dans la poêle et cuire jusqu'à ce qu'ils soient fanés. Retirer du feu et laisser refroidir.
e) Étalez les poitrines de poulet et aplatissez-les légèrement à l'aide d'un maillet à viande.
f) Étalez de la moutarde de Dijon sur chaque poitrine de poulet.
g) Répartir uniformément les épinards sautés, le salami épicé, le fromage suisse et le fromage bleu sur chaque poitrine de poulet.
h) Rouler chaque poitrine de poulet pour envelopper la garniture. Fixez avec des cure-dents si nécessaire.

POUR LA PÂTE FEUILLÉE :
i) Étalez une feuille de pâte feuilletée sur une surface légèrement farinée.
j) Placez les poitrines de poulet enroulées au centre de la pâte feuilletée.

k) Étalez la deuxième feuille de pâte feuilletée et placez-la sur le poulet en scellant les bords. Coupez tout excédent de pâte si nécessaire.
l) Battez l'œuf et badigeonnez-le sur toute la surface de la pâte feuilletée pour une finition dorée.
m) Utilisez un couteau pour créer des motifs décoratifs sur la pâtisserie.
n) Placez le poulet fr Croûter sur une plaque à pâtisserie tapissée de papier sulfurisé.
o) Cuire au four préchauffé pendant 25 à 30 minutes ou jusqu'à ce que la pâte soit dorée et que la température interne du poulet atteigne 165 °F (74 °C).
p) Autoriser le poulet fr Laissez reposer la croûte quelques minutes avant de la trancher.

55. Air Fryer Saumon en Croûte

INGRÉDIENTS:
POUR LE SAUMON :
- 4 filets de saumon
- Sel et poivre noir au goût
- 1 cuillère à soupe de moutarde de Dijon
- 1 cuillère à soupe d'huile d'olive
- Zeste de citron

POUR LA PÂTE FEUILLÉE :
- 2 feuilles de pâte feuilletée, décongelées
- Farine pour saupoudrer
- 1 œuf (pour la dorure)

INSTRUCTIONS:
POUR LE SAUMON :
a) Préchauffez votre friteuse à air à 375°F (190°C).
b) Assaisonnez les filets de saumon avec du sel, du poivre noir et un filet d'huile d'olive.
c) Étalez une fine couche de moutarde de Dijon sur chaque filet de saumon.
d) Saupoudrer le zeste de citron sur le saumon enrobé de moutarde.

POUR LA PÂTE FEUILLÉE :
e) Etalez les feuilles de pâte feuilletée sur un plan légèrement fariné.
f) Coupez chaque feuille en une taille suffisamment grande pour envelopper un filet de saumon.
g) Déposez un filet de saumon au centre de chaque morceau de pâte feuilletée.
h) Pliez la pâte feuilletée sur le saumon en scellant les bords. Coupez tout excédent de pâte si nécessaire.
i) Battez l'œuf et badigeonnez-le sur toute la surface de la pâte feuilletée pour une finition dorée.
j) Transférez délicatement les filets de saumon enveloppés dans le panier de la friteuse à air.
k) Faire frire à l'air libre à 375°F (190°C) pendant 15 à 20 minutes ou jusqu'à ce que la pâte feuilletée soit dorée et que le saumon soit bien cuit.
l) Autoriser le saumon de la friteuse à air fr Laissez reposer la croûte quelques minutes avant de servir.

56.Truite arc-en-ciel du Népal en croûte

INGRÉDIENTS:
POUR LA TRUITE :
- 4 filets de truite arc-en-ciel
- Sel et poivre noir au goût
- 1 cuillère à soupe d'huile végétale
- 1 cuillère à café de cumin moulu
- 1 cuillère à café de coriandre moulue
- 1 cuillère à café de curcuma
- 1 cuillère à café de garam masala
- 1 cuillère à café de poudre de chili (ajuster au goût)
- Jus d'1 citron vert

POUR LA PÂTE FEUILLÉE :
- 2 feuilles de pâte feuilletée, décongelées
- Farine pour saupoudrer
- 1 œuf (pour la dorure)

POUR LE REMPLISSAGE:
- 1 tasse de riz basmati cuit
- 1/2 tasse de petits pois, cuits
- 1/2 tasse de coriandre hachée
- 1/2 tasse de menthe hachée
- 1/4 tasse de noix de cajou grillées, hachées
- Sel et poivre noir au goût

INSTRUCTIONS:
POUR LA TRUITE :
a) Préchauffez votre four à 400°F (200°C).
b) Séchez les filets de truite avec une serviette en papier et assaisonnez avec du sel et du poivre noir.
c) Dans un petit bol, mélangez le cumin moulu, la coriandre moulue, le curcuma, le garam masala, la poudre de chili et le jus de citron vert pour former une pâte d'épices.
d) Frotter la pâte d'épices sur les deux côtés de chaque filet de truite.
e) Chauffer l'huile végétale dans une poêle à feu moyen-vif. Saisir les filets de truite 1 à 2 minutes de chaque côté, juste pour dorer l'extérieur. Retirer du feu.

POUR LE REMPLISSAGE:
f) Dans un bol, mélanger le riz basmati cuit, les petits pois, la coriandre hachée, la menthe hachée et les noix de cajou grillées. Assaisonner avec du sel et du poivre noir. Bien mélanger.

POUR LA PÂTE FEUILLÉE :
g) Etalez les feuilles de pâte feuilletée sur un plan légèrement fariné.
h) Déposer une portion de garniture au riz et aux herbes au centre de chaque morceau de pâte feuilletée.
i) Déposez un filet de truite poêlé sur la garniture au riz.
j) Pliez la pâte feuilletée sur la truite en scellant les bords. Coupez tout excédent de pâte si nécessaire.
k) Battez l'œuf et badigeonnez-le sur toute la surface de la pâte feuilletée pour une finition dorée.

PÂTISSERIE:
l) Transférez délicatement la truite enveloppée sur une plaque à pâtisserie recouverte de papier sulfurisé.
m) Cuire au four préchauffé pendant 20 à 25 minutes ou jusqu'à ce que la pâte feuilletée soit dorée.
n) Permettez à la truite arc-en-ciel du Népal fr Laissez reposer la croûte quelques minutes avant de servir.

57.Brie en croûte à la grenade

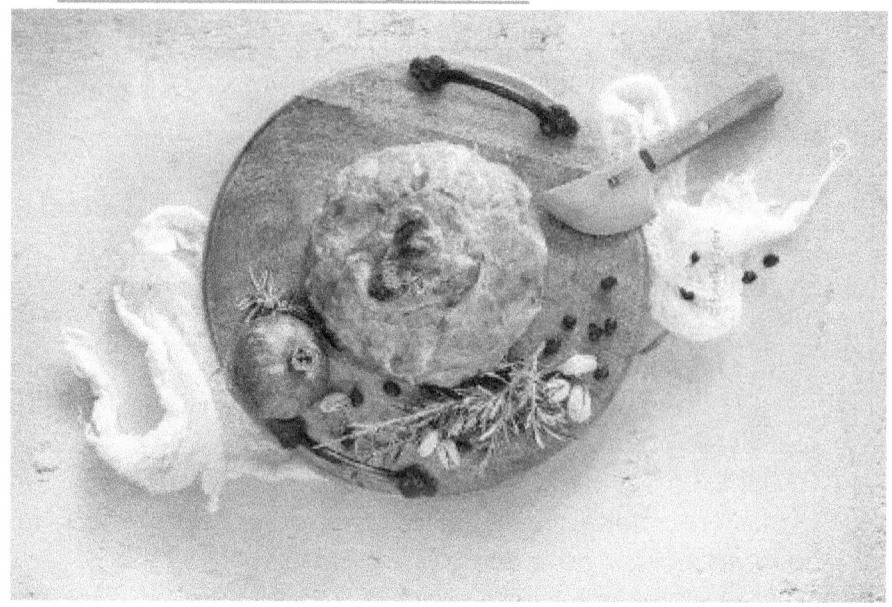

INGRÉDIENTS:
- 1 meule de fromage Brie (environ 8 onces)
- 1 feuille de pâte feuilletée, décongelée
- 1/2 tasse de graines de grenade
- 1/4 tasse de miel
- 1/4 tasse de pacanes ou de noix hachées
- 1 œuf (pour la dorure)

INSTRUCTIONS:
a) Préchauffer le four à 400°F (200°C).
b) Etalez la pâte feuilletée sur un plan légèrement fariné.
c) Placer la roue de Brie au centre de la pâte feuilletée.
d) Saupoudrer uniformément les graines de grenade sur le Brie.
e) Versez un filet de miel sur les graines de grenade.
f) Saupoudrer les noix hachées sur le miel.
g) Pliez la pâte feuilletée sur le Brie en scellant les bords. Coupez tout excédent de pâte si nécessaire.
h) Battez l'œuf et badigeonnez-le sur toute la surface de la pâte feuilletée pour une finition dorée.
i) Utilisez un couteau pour créer des motifs décoratifs sur la pâtisserie.
j) délicatement le Brie Grenade Croûter sur une plaque à pâtisserie recouverte de papier sulfurisé.
k) Cuire au four préchauffé pendant 20 à 25 minutes ou jusqu'à ce que la pâte feuilletée soit dorée.
l) Autoriser le Brie à la Grenade Laissez reposer la croûte quelques minutes avant de servir.

58. Flétan fr Croûte à la Crème Estragon Citron

INGRÉDIENTS:
POUR LE FLÉTAN :
- 4 filets de flétan (6 onces chacun)
- Sel et poivre noir au goût
- 1 cuillère à soupe d'huile d'olive
- 1 cuillère à soupe de moutarde de Dijon
- 1 cuillère à soupe de jus de citron frais

POUR LA PÂTE FEUILLÉE :
- 2 feuilles de pâte feuilletée, décongelées
- Farine pour saupoudrer
- 1 œuf (pour la dorure)

POUR LA CRÈME CITRON À L'ESTragon :
- 1 tasse de crème épaisse
- Zest de 1 citron
- 1 cuillère à soupe de jus de citron frais
- 2 cuillères à soupe d'estragon frais, haché
- Sel et poivre noir au goût

INSTRUCTIONS:
POUR LE FLÉTAN :
a) Préchauffer le four à 400°F (200°C).
b) Assaisonnez les filets de flétan avec du sel et du poivre noir.
c) Dans un petit bol, mélanger l'huile d'olive, la moutarde de Dijon et le jus de citron frais.
d) Badigeonner les filets de flétan du mélange moutarde-citron.

POUR LA PÂTE FEUILLÉE :
e) Etalez les feuilles de pâte feuilletée sur un plan légèrement fariné.
f) Déposez un filet de flétan au centre de chaque morceau de pâte feuilletée.
g) Étalez la deuxième feuille de pâte feuilletée et déposez-la sur les filets de flétan en scellant les bords. Coupez tout excédent de pâte si nécessaire.
h) Battez l'œuf et badigeonnez-le sur toute la surface de la pâte feuilletée pour une finition dorée.

PÂTISSERIE:

i) Transférez délicatement le flétan enveloppé sur une plaque à pâtisserie recouverte de papier sulfurisé.
j) Cuire au four préchauffé pendant 20 à 25 minutes ou jusqu'à ce que la pâte feuilletée soit dorée et que le flétan soit bien cuit.

POUR LA CRÈME CITRON À L'ESTragon :
k) Dans une casserole, faites chauffer la crème épaisse à feu moyen.
l) Ajouter le zeste de citron, le jus de citron, l'estragon haché, le sel et le poivre noir. Bien mélanger.
m) Laisser mijoter le mélange de crème pendant quelques minutes jusqu'à ce qu'il épaississe légèrement.

ASSEMBLÉE:
n) Une fois le flétan fr Croûte est cuit , laissez-le reposer quelques minutes.
o) Servir le flétan dans une assiette, arrosé de Crème Citron Estragon.
p) Garnir d'estragon frais supplémentaire si vous le souhaitez.

59. Truite de mer Coulibiac en croûte

INGRÉDIENTS:
POUR LA TRUITE DE L'OCÉAN :
- 4 filets de truite de mer (environ 6 onces chacun)
- Sel et poivre noir au goût
- Jus de citron pour mariner

POUR LA GARNITURE AU RIZ :
- 1 tasse de riz au jasmin, cuit
- 1 petit oignon, finement haché
- 2 cuillères à soupe de beurre
- 1 tasse de champignons, finement hachés
- 1/2 tasse d'épinards, hachés
- 1 cuillère à soupe d'aneth frais, haché
- Sel et poivre noir au goût

POUR LE MONTAGE :
- 2 feuilles de pâte feuilletée, décongelées
- Farine pour saupoudrer
- Moutarde de Dijon pour badigeonner
- 1 œuf (pour la dorure)

INSTRUCTIONS:
POUR LA TRUITE DE L'OCÉAN :
a) Assaisonnez les filets de truite de mer avec du sel, du poivre noir et un filet de jus de citron. Laissez-les mariner pendant au moins 15 minutes.

POUR LA GARNITURE AU RIZ :
b) Dans une poêle, faire revenir les oignons émincés dans le beurre jusqu'à ce qu'ils soient tendres.
c) Ajouter les champignons hachés dans la poêle et cuire jusqu'à ce qu'ils libèrent leur humidité.
d) Incorporer le riz au jasmin cuit, les épinards hachés et l'aneth frais. Assaisonner avec du sel et du poivre noir. Cuire jusqu'à ce que le mélange soit bien mélangé . Laissez-le refroidir.

POUR LE MONTAGE :
e) Préchauffer le four à 400°F (200°C).
f) Etalez les feuilles de pâte feuilletée sur un plan légèrement fariné.

g) Placer une feuille sur une plaque à pâtisserie recouverte de papier sulfurisé.
h) Badigeonner la pâte feuilletée de moutarde de Dijon.
i) Étalez la moitié de la garniture au riz sur la pâte feuilletée.
j) Placer les filets de truite de mer marinés sur la garniture au riz.
k) Couvrir la truite avec le reste de la garniture au riz.
l) Étalez la deuxième feuille de pâte feuilletée et placez-la sur la garniture en scellant les bords. Coupez tout excédent de pâte si nécessaire.
m) Battez l'œuf et badigeonnez-le sur toute la surface de la pâte feuilletée pour une finition dorée.
n) Utilisez un couteau pour créer des motifs décoratifs sur la pâtisserie.
o) Cuire au four préchauffé pendant 25 à 30 minutes ou jusqu'à ce que la pâte feuilletée soit dorée.
p) Autoriser la truite de mer Coulibiac fr Laissez reposer la croûte quelques minutes avant de la trancher.

60. Poulet En Croûte À La Mangue

INGRÉDIENTS:
- 4 poitrines de poulet
- Sel et poivre noir au goût
- 1 tasse de mangue coupée en dés
- 1/2 tasse de noix de coco râpée
- 1/4 tasse de coriandre hachée
- 1 cuillère à soupe de curry en poudre
- 2 feuilles de pâte feuilletée, décongelées
- 1 œuf (pour la dorure)

INSTRUCTIONS:

a) Assaisonner les poitrines de poulet avec du sel, du poivre noir et de la poudre de curry. Faites-les revenir jusqu'à ce qu'ils soient dorés.

b) Mélangez la mangue coupée en dés, la noix de coco râpée et la coriandre hachée.

c) Placer le poulet sur la pâte feuilletée, garnir du mélange de mangue et envelopper.

d) Cuire au four jusqu'à ce qu'il soit doré.

61. Caprese En Croûte

INGRÉDIENTS:
- 4 grosses tomates, tranchées
- 8 onces de mozzarella fraîche, tranchée
- Feuilles de basilic frais
- Sel et poivre noir au goût
- 2 feuilles de pâte feuilletée, décongelées
- Glaçage balsamique pour arroser
- 1 œuf (pour la dorure)

INSTRUCTIONS:
a) Étalez les tranches de tomates, la mozzarella fraîche et les feuilles de basilic sur la pâte feuilletée.
b) Assaisonner avec du sel et du poivre noir. Pliez la pâte sur les couches, scellez et faites cuire au four jusqu'à ce qu'elle soit dorée. Arroser de glaçage balsamique avant de servir.

62. Crevettes En Croûte Au Pesto

INGRÉDIENTS:
- 1 livre de grosses crevettes, décortiquées et déveinées
- 1/2 tasse de sauce pesto
- Zest de 1 citron
- 2 feuilles de pâte feuilletée, décongelées
- Aïoli au citron pour tremper
- 1 œuf (pour la dorure)

INSTRUCTIONS:

a) Mélanger les crevettes avec le pesto et le zeste de citron. Placer les crevettes sur la pâte feuilletée, plier et sceller.

b) Cuire au four jusqu'à ce qu'il soit doré. Servir avec de l'aïoli au citron pour tremper.

63. Courge Butternut et Sauge Fr Croûte

INGRÉDIENTS:
- 1 petite courge musquée, pelée et coupée en dés
- Feuilles de sauge fraîches
- Sel et poivre noir au goût
- 2 cuillères à soupe de sirop d'érable
- 2 feuilles de pâte feuilletée, décongelées
- 1 œuf (pour la dorure)

INSTRUCTIONS:
a) Courge musquée rôtie avec de la sauge, du sel et du poivre noir. Étalez le mélange sur la pâte feuilletée, pliez et scellez.
b) Cuire au four jusqu'à ce qu'il soit doré. Arroser de sirop d'érable avant de servir.

64. Figues et Fromage de Chèvre Fr Croûte

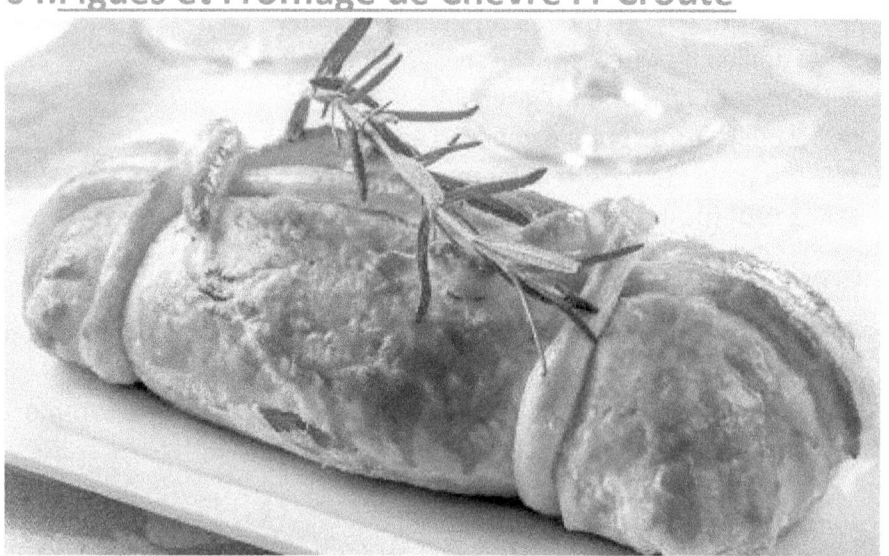

INGRÉDIENTS:
- 1 meule de fromage de chèvre
- 1/2 tasse de confiture de figues
- 1/4 tasse de noix hachées
- 2 feuilles de pâte feuilletée, décongelées
- Réduction balsamique pour arroser
- 1 œuf (pour la dorure)

INSTRUCTIONS:

a) Étalez la confiture de figues sur une pâte feuilletée, déposez le chèvre au centre, parsemez de noix concassées et enveloppez.

b) Cuire au four jusqu'à ce qu'il soit doré. Arroser de réduction balsamique avant de servir.

65.Huile De Champignons Et Truffes Fr Croûte

INGRÉDIENTS:
- 2 tasses de champignons assortis, finement hachés
- 2 cuillères à soupe d'huile de truffe
- 1/4 tasse de parmesan râpé
- 2 feuilles de pâte feuilletée, décongelées
- 1 œuf (pour la dorure)

INSTRUCTIONS:
a) Faire revenir les champignons dans l'huile de truffe jusqu'à ce qu'ils soient tendres. Mélanger avec du parmesan râpé.
b) Placer sur la pâte feuilletée, plier et sceller. Cuire au four jusqu'à ce qu'il soit doré.

66.Patate douce et feta Fr Croûte

INGRÉDIENTS:
- 2 tasses de patates douces, en purée
- 1/2 tasse de fromage feta émietté
- 1 cuillère à soupe de romarin frais haché
- 2 feuilles de pâte feuilletée, décongelées
- Du miel pour arroser
- 1 œuf (pour la dorure)

INSTRUCTIONS:
a) Mélangez la purée de patates douces avec la feta et le romarin. Placer sur la pâte feuilletée, plier et sceller.
b) Cuire au four jusqu'à ce qu'il soit doré. Arrosez de miel avant de servir.

67. Asperges en croûte enveloppées de prosciutto

INGRÉDIENTS:
- 1 botte d'asperges, blanchies
- Prosciutto tranché finement
- Zest de 1 citron
- 2 feuilles de pâte feuilletée, décongelées
- 1 œuf (pour la dorure)

INSTRUCTIONS:
a) Enveloppez les pointes d'asperges avec du prosciutto. Placer sur la pâte feuilletée, plier et sceller.
b) Cuire au four jusqu'à ce qu'il soit doré. Saupoudrer de zeste de citron avant de servir.

STRUCTURES

68. Strudel de porc braisé avec sauce aux pommes vertes

INGRÉDIENTS:
- 4 cuillères à soupe de saindoux
- 2 livres d'épaule de porc, coupée en cubes de 1/8 de pouce et assaisonnée de sel et de poivre
- 2 carottes, coupées en dés de 1/4 de pouce
- 1 oignon espagnol, coupé en dés de 1 pouce
- 4 poivrons rouges hongrois, coupés en cubes de 1/4 de pouce
- 2 cuillères à soupe de Paprika
- 7 onces de Speck, coupé en cubes de 1/4 de pouce
- 1/4 cuillère à soupe de clous de girofle moulus
- 1/4 cuillère à café de cannelle
- 2 tasses de vin rouge
- 1 recette de strudel (voir recette de base)
- 2 jaunes d'œufs battus
- 1 Recette compote de pommes vertes

NSTRUCTIONS:

a) Dans une cocotte à fond épais, faire chauffer le saindoux jusqu'à ce qu'il fume. Ajouter les morceaux de porc, 5 ou 6 à la fois, et cuire jusqu'à ce qu'ils soient dorés. Retirer et ajouter les carottes, l'oignon, les poivrons, le paprika, le speck, les clous de girofle, la cannelle et cuire jusqu'à ce qu'ils ramollissent, environ 8 à 10 minutes.

b) Ajouter le vin et porter à ébullition. Remettez le porc doré dans la cocotte, remettez à ébullition, puis baissez le feu et laissez mijoter 1h30 jusqu'à ce que la viande soit bien tendre. Assaisonner de sel et de poivre et laisser refroidir 4 heures au réfrigérateur.

c) Préchauffer le four à 375 F. Abaisser la pâte à strudel en un rectangle de 10 x 14 pouces. Placez le ragoût de porc froid au centre et roulez-le comme un strudel.

d) Conservez les morceaux de pâte coupés pour garnir le strudel d'un dessin ou du nom d'un être cher. Badigeonner de jaunes d'œufs battus, déposer sur une plaque à biscuits et cuire au four pendant 50 à 60 minutes, jusqu'à ce qu'ils soient dorés et très chauds à l'intérieur.

e) Laisser reposer le strudel pendant 10 minutes et servir avec de la compote de pommes vertes .

69. Strudels au poulet et à l'andouille

INGRÉDIENTS:
- 1 cuillère à soupe d'huile végétale
- 4 onces de saucisse Andouille, coupée en dés de 1 pouce
- 1/2 tasse d'oignons hachés
- 1 cuillère à soupe d'ail haché
- Sel et poivre de Cayenne, au goût
- 1/4 tasse d'eau
- 1 tasse de sauce BBQ sucrée
- 1 cuillère à soupe de persil haché
- 3 cuillères à soupe de fromage Parmigiano-Reggiano râpé
- 4 feuilles de pâte phyllo

INSTRUCTIONS:
a) Préchauffer le four à 375 degrés F.
b) Dans une sauteuse à feu moyen, ajoutez l'huile. Assaisonnez le poulet avec Essence. Lorsque l'huile est chaude, ajoutez le poulet et faites-le revenir environ 2 à 3 minutes en remuant constamment.
c) Ajouter l'andouille et faire revenir encore 2 minutes. Incorporer les oignons et l'ail en faisant revenir 5 minutes. Assaisonner avec du sel et du poivre de Cayenne.
d) Ajouter l'eau, 1/2 tasse de sauce barbecue, le persil et le fromage. Laisser mijoter 1 minute. Retirer du feu et incorporer la chapelure . Laissez le mélange refroidir complètement.
e) Empilez les quatre feuilles de pâte phyllo les unes sur les autres et coupez-les en trois pour obtenir 12 feuilles. Divisez les feuilles en quatre piles de 3 feuilles, en gardant la pâte phyllo recouverte d'une serviette humide pour éviter qu'elle ne sèche.
f) Badigeonnez légèrement le dessus de chaque pile d'huile végétale. Placer 1/4 tasse du mélange de poulet sur le bord inférieur de chaque pile de pâte phyllo.
g) Pliez les deux côtés de la pâte phyllo vers le centre d'environ 1/4 de pouce. En commençant par le bas, enroulez solidement la pâte phyllo, en appuyant sur chaque couche pour la fermer. Badigeonner légèrement chaque strudel d'huile.

h) Tapisser une plaque à pâtisserie de papier sulfurisé. Placez les strudels sur le papier, à environ 2 pouces de distance, et faites cuire au four pendant 15 minutes ou jusqu'à ce qu'ils soient dorés.
i) Retirer du four, couper chaque strudel en deux en diagonale et servir chacun avec le reste de la sauce barbecue et du fromage râpé.

70.Strudel aux écrevisses avec deux sauces

INGRÉDIENTS:
- 1 cuillère à soupe d'huile de sésame
- 1 oignon jaune, coupé en julienne
- 1 poivron rouge, coupé en julienne
- 1 poivron jaune, coupé en julienne
- 1 poivron vert, coupé en julienne
- 1 botte d'oignon vert, tranché
- 6 onces de bok choy, en julienne
- 4 onces de pousses de bambou en conserve
- 2 onces de champignons shiitake, tranchés
- 2 carottes, en julienne
- 1 livre de queues d'écrevisses
- 2 cuillères à soupe de sauce Hoisin
- 3 cuillères à soupe de sauce soja
- 2 cuillères à soupe de gingembre frais
- 2 gousses d'ail, hachées
- 1/2 cuillère à café de poivre de Cayenne
- 1/4 cuillère à café de poivre noir concassé
- 1/4 cuillère à café de poivre rose
- Sel au goût
- 1 livre de beurre fondu
- 1 livre de pâte Filo

INSTRUCTIONS:
a) Dans une grande casserole à fond épais, faire chauffer l'huile de sésame. Ajouter les poivrons rouges, jaunes et verts et faire revenir jusqu'à ce qu'ils soient ramollis.
b) Ajouter les oignons verts, le bok choy, les pousses de bambou, les champignons shiitake et les carottes. Continuez à faire sauter jusqu'à ce que les légumes soient tendres.
c) Ajouter les queues d'écrevisses, la sauce hoisin, la sauce soja, le gingembre frais, l'ail émincé, le poivre de Cayenne, le poivre noir concassé, les grains de poivre rose et le sel au goût. Cuire jusqu'à ce que le mélange soit al dente. Égoutter et laisser refroidir dans une passoire.

d) Préchauffer le four à 350 degrés F. Faire fondre le beurre et placer les feuilles de filo sur une surface de travail. Badigeonner de beurre fondu entre les feuilles (7 feuilles au total).
e) Placez le mélange d'écrevisses au bas des feuilles de filo. Rouler fermement et sceller avec du beurre fondu.
f) Cuire au four préchauffé jusqu'à ce que la pâte filo soit dorée.
g) Préparez deux sauces et disposez-les de chaque côté de l'assiette. Servir le strudel aux écrevisses sur les sauces.
h) Ajustez la quantité de gingembre selon vos préférences gustatives.

71.Strudel copieux au saumon et à l'aneth

INGRÉDIENTS:
- 1 livre de filet de saumon, 1 pouce d'épaisseur, pelé
- Spray de cuisson au goût de beurre
- 1/4 cuillère à café de sel
- 1/4 cuillère à café de poudre d'ail
- 1/4 cuillère à café de poivre fraîchement moulu
- 1 1/4 tasse de pommes de terre rouges, coupées en cubes
- 3/4 tasse de lait écrémé évaporé
- 1/2 poireau, tranché finement
- 2 cuillères à café d'eau
- 1/2 cuillère à café de fécule de maïs
- 1 cuillère à café d'aneth séché
- 3 cuillères à soupe de parmesan râpé
- 8 feuilles de pâte phyllo

INSTRUCTIONS:
a) Placer le filet de saumon sur une lèchefrite enduite d'un enduit à cuisson. Saupoudrer de sel, de poivre et de poudre d'ail. Faire griller jusqu'à ce que le poisson se défasse facilement. Coupez en petits morceaux et réservez.
b) Préchauffer le four à 350°F.
c) Dans une petite casserole, mélanger les pommes de terre, le lait et le poireau. Porter à ébullition. Couvrir, réduire le feu et laisser mijoter 10 minutes ou jusqu'à ce que la pomme de terre soit tendre.
d) Dans un petit bol, mélanger l'eau et la fécule de maïs. Ajouter au mélange de pommes de terre. Ajouter les morceaux de saumon, l'aneth séché et le parmesan. Remuer doucement et réserver.
e) Placer une feuille de pâte phyllo sur un plan de travail (couvrir pour éviter qu'elle ne sèche). Vaporiser légèrement d'enduit à cuisson. Empilez une autre feuille dessus et vaporisez; répéter avec toutes les feuilles de pâte phyllo.
f) Versez le mélange de pommes de terre le long du bord long, en laissant une bordure de 2 pouces. Repliez les bords courts de la pâte phyllo pour couvrir les extrémités du mélange de pommes de terre. En commençant par le bord long (avec la bordure), enroulez à la manière d'un roulé. Ne roulez pas trop fort.

g) Placer le strudel, joint vers le bas, sur un moule à gelée vaporisé d'un enduit à cuisson. Vaporiser légèrement le strudel avec un enduit à cuisson.
h) Cuire au four pendant 30 minutes ou jusqu'à ce qu'ils soient dorés.
i) Servez et dégustez ce copieux strudel au saumon et à l'aneth.

72.Strudel à l'agneau et aux tomates séchées

INGRÉDIENTS :
- 12 feuilles de pâte phyllo de 17 x 12 pouces
- 1 1/2 tasse d'eau bouillante
- 1/2 tasse de tomates séchées (non emballées dans l'huile), environ 2 onces
- 1/2 livre de champignons, tranchés finement
- 3/4 tasse d'olives noires Kalamata ou autres olives noires séchées en saumure ou d'olives noires mûres dénoyautées, tranchées finement
- 1 cuillère à soupe d'huile d'olive
- 1 livre d'agneau haché
- 1 cuillère à café de romarin séché, émietté
- 1 cuillère à café de basilic séché, émietté
- 1/2 cuillère à café de flocons de piment rouge séché
- 1 1/2 tasse de feta émiettée, environ 8 onces
- 1/2 tasse de mozzarella râpée, environ 3 onces
- Environ 5 cuillères à soupe d'huile d'olive (pour badigeonner)
- Sel et poivre au goût

INSTRUCTIONS :
a) Couvrir la pile de feuilles de pâte phyllo avec 2 feuilles de pellicule plastique superposées, puis un torchon humide.
b) Préparez la garniture : Dans un petit bol, versez de l'eau bouillante sur les tomates et laissez tremper 5 minutes. Bien égoutter et trancher finement.
c) Dans une grande poêle à fond épais, chauffer l'huile d'olive à feu moyen-vif jusqu'à ce qu'elle soit chaude mais sans fumer. Faire revenir les champignons avec du sel et du poivre au goût, en remuant, jusqu'à ce que le liquide qu'ils dégagent se soit évaporé. Transférer les champignons dans un grand bol.
d) Ajouter l'agneau haché dans la poêle et cuire, en remuant et en brisant les grumeaux, jusqu'à ce qu'il ne soit plus rose. Transférer l'agneau dans le bol avec les champignons et jeter le gras.
e) Incorporer les tomates, les olives, le romarin, le basilic et les flocons de piment rouge au mélange d'agneau. Laisser refroidir 10

minutes. Incorporer la feta, la mozzarella, le sel et le poivre au goût.

f) Préchauffer le four à 425°F et graisser légèrement un grand plat allant au four peu profond.

g) Empilez la pâte phyllo entre 2 feuilles de papier ciré et couvrez-la d'un torchon sec. Sur une surface de travail, disposez deux feuilles de papier ciré de 20 pouces de long dont les côtés longs se chevauchent légèrement et font face à vous. Mettez 1 feuille de pâte phyllo sur du papier ciré et badigeonnez légèrement d'huile. Superposez et badigeonnez 5 autres feuilles de pâte phyllo de la même manière. (La pile de pâte phyllo huilée doit avoir 6 feuilles d'épaisseur.)

h) Étalez la moitié de la garniture en une bande de 3 pouces de large, en la mettant en forme de monticule, sur la pâte phyllo 4 pouces au-dessus du côté le plus long, en laissant une bordure de 2 pouces à chaque extrémité.

i) En utilisant du papier ciré comme guide, soulevez les 4 pouces inférieurs de pâte sur la garniture, en repliant les extrémités, et enroulez fermement le strudel. Transférez délicatement le strudel, joint vers le bas, dans le plat de cuisson et badigeonnez-le légèrement d'huile. Préparez un autre strudel avec le reste des ingrédients de la même manière.

j) Cuire les strudels au milieu du four pendant 25 minutes ou jusqu'à ce qu'ils soient dorés. Laisser refroidir les strudels et les réchauffer dans la poêle sur une grille.

k) Coupez les strudels en tranches de 1 pouce avec un couteau dentelé et servez les tranches chaudes.

l) Savourez ce savoureux strudel à l'agneau et aux tomates séchées !

73. Strudel aux légumes marocain

INGRÉDIENTS:
- 1 oignon, tranché
- 2 têtes d'ail, parées
- 2 carottes, tranchées
- 1 poivron rouge, coupé en morceaux
- 1 patate douce, pelée et coupée en morceaux
- 1 céleri-rave pelé et coupé en morceaux
- 2 tomates italiennes, coupées en 8 quartiers
- 1/4 tasse d'huile d'olive (50 ml)
- 2 cuillères à café de sel (10 ml)
- 2 tasses de couscous, de riz ou de grains de blé cuits (500 ml)
- 1 cuillère à soupe de thym frais (15 ml)
- 2 cuillères à soupe d'eau (25 ml)
- 1/2 tasse de chapelure (125 ml)
- 6 onces de fromage de chèvre, émietté (facultatif) (175 g)
- 1/4 tasse basilic frais haché (50 ml)
- 10 feuilles de pâte filo
- 1/3 tasse de beurre non salé, fondu (ou d'huile d'olive) (75 ml)

INSTRUCTIONS:
a) Disposer les légumes sur une plaque à pâtisserie tapissée de papier sulfurisé. Arroser d'huile d'olive et saupoudrer de sel et de thym. Rôtir au four à 425°F/210°C pendant 50 à 60 minutes ou jusqu'à ce que les légumes soient très tendres.
b) Pressez l'ail de sa coquille et mélangez-le avec les légumes, les céréales cuites, le fromage de chèvre (le cas échéant) et le basilic.
c) Disposez deux feuilles de pâte phyllo séparément sur des torchons. Couvrir le reste de pâte phyllo d'une pellicule plastique.
d) Badigeonner les feuilles de pâte filo de beurre fondu (mélangé à de l'eau) et saupoudrer de chapelure. Répétez avec le reste de la pâte phyllo, en formant deux tas de 5 feuilles chacun.
e) Disposez le mélange de légumes sur un côté long de la pâte phyllo et roulez-le.
f) Transférer délicatement sur une plaque à pâtisserie. Faites des entailles diagonales dans la couche supérieure de pâte. Cuire au

four à 400°F/200°C pendant 30 à 40 minutes jusqu'à ce qu'ils soient bien dorés.

SAUCE CHARMOULA :

g) Mélanger 1 gousse d'ail émincée avec 1 cuillère à café (5 ml) de cumin moulu et de paprika et 1/2 cuillère à café (2 ml) de poivre de Cayenne.

h) Incorporer 1/2 tasse (125 ml) de mayonnaise ou de yogourt ou une combinaison des deux. Ajoutez 1 cuillère à soupe (15 ml) de jus de citron et 2 cuillères à soupe (25 ml) de coriandre fraîche hachée.

i) Servir les tranches de strudel aux légumes marocain avec la sauce Charmoula . Apprécier!

74.Strudel au saumon fumé et au brie

INGRÉDIENTS:
- 1/2 tasse de moutarde moulue séchée
- 1/2 tasse de sucre blanc granulé
- 1/4 tasse de vinaigre de vin de riz
- 1/4 tasse de moutarde jaune préparée
- 1 cuillère à soupe d'huile de sésame
- 2 cuillères à soupe de sauce soja
- 1 1/2 cuillères à café de paprika
- 1/4 cuillère à café de poivre de Cayenne
- 3 feuilles de pâte phyllo
- 1/4 tasse de beurre fondu
- 1/4 tasse d'herbes douces fraîches hachées
- 1 meule de fromage Brie (8 oz)
- 1/2 livre de saumon fumé tranché
- 1 baguette, tranchée en morceaux de 1/2 pouce et légèrement grillée

INSTRUCTIONS:
a) Préchauffer le four à 400 degrés.
b) Dans un bol à mélanger, fouetter ensemble la moutarde moulue séchée, le sucre, le vinaigre de vin de riz, la moutarde jaune, l'huile de sésame, la sauce soja, le paprika et le poivre de Cayenne. Mettez le mélange de côté.
c) Posez les trois morceaux de pâte phyllo sur une surface plane. Badigeonner les extrémités de la pâte de beurre fondu.
d) Au centre de la pâte phyllo, étalez un peu du mélange de moutarde. Saupoudrer le cercle de mélange de moutarde avec les herbes hachées.
e) Assaisonnez le saumon avec du sel et du poivre. Enroulez la roue de Brie avec les tranches de saumon, en laissant les tranches se chevaucher. Enveloppez le fromage comme un paquet.
f) Placer le Brie enrobé de saumon au centre du cercle moutarde/herbes. Pliez deux des extrémités de la pâte phyllo vers le centre. Pliez les extrémités restantes pour former un paquet. Scellez complètement.

g) Étalez la pâte sur une plaque recouverte de papier sulfurisé, les bords repliés sur le papier sulfurisé.
h) Badigeonner légèrement la pâte avec le reste de beurre fondu.
i) Placez le moule au four et faites cuire jusqu'à ce qu'il soit doré, environ 10 à 12 minutes.
j) Retirer du four et laisser refroidir légèrement avant de trancher. Servir sur des croûtes avec le reste de sauce moutarde.
k) Savourez votre délicieux strudel au saumon fumé et au brie !

75.Strudel à la truite fumée et aux pommes grillées

INGRÉDIENTS:
- 2 pommes Granny Smith, épépinées et coupées en rondelles de 1/2"
- 1 cuillère à soupe d'huile d'olive
- Sel et poivre au goût
- 1/2 livre de truite fumée, émiettée en petits morceaux
- 2 cuillères à soupe d'échalotes hachées
- 1/4 tasse de fromage à la crème, température ambiante
- 2 cuillères à soupe de ciboulette finement hachée
- 5 feuilles de pâte phyllo
- 1/2 tasse de beurre fondu

INSTRUCTIONS:
a) Préchauffez le gril. Préchauffer le four à 400 degrés.
b) Mélanger les pommes avec l'huile d'olive et assaisonner de sel et de poivre. Placer sur le grill et cuire 2 minutes de chaque côté. Retirer du gril et couper les pommes en petits dés.
c) Dans un bol, mélanger les dés de pommes, la truite fumée et les échalotes émincées. Liez le mélange avec le fromage à la crème. Incorporer la ciboulette. Assaisonnez avec du sel et du poivre.
d) Badigeonner chaque feuille de pâte phyllo de beurre fondu. Tartiner 1/3 de la pâte phyllo avec la garniture aux pommes et à la truite.
e) Avec l'extrémité de la garniture vers vous, roulez le strudel comme un rouleau de gelée . Placer sur une plaque à pâtisserie tapissée de papier sulfurisé et badigeonner du reste de beurre.
f) Cuire au four pendant 15 minutes ou jusqu'à ce que le strudel soit doré.
g) Coupez le strudel en biais et disposez-le sur une assiette. Garnir de ciboulette et d'Essence.
h) Savourez votre délicieux strudel à la truite fumée et aux pommes grillées !

76.Strudel aux champignons sauvages

INGRÉDIENTS :
- 1 cuillère à soupe d'huile d'olive
- 1 petit oignon jaune, haché
- 2 échalotes, hachées
- 3 gousses d'ail hachées
- 1 tasse de vin rouge
- 4 tasses de champignons sauvages tranchés
- 1/2 tasse de parmesan fraîchement râpé
- 1/3 tasse de fromage de chèvre doux et doux ou de fromage ricotta
- 1/4 tasse de chapelure grillée non assaisonnée
- 2 cuillères à café de basilic frais haché
- 1 cuillère à café de romarin frais haché
- 1/2 cuillère à café de poivre noir concassé
- Sel, au goût
- 4 feuilles de pâte phyllo
- 4 cuillères à soupe de beurre non salé, fondu
- Sauce aux poivrons rouges rôtis et au basilic

INSTRUCTIONS :

a) Préchauffer le four à 350 degrés. Tapisser une plaque à pâtisserie de papier sulfurisé.

b) Pour préparer la garniture, faites chauffer l'huile d'olive dans une grande sauteuse à feu vif jusqu'à ce qu'elle soit très chaude. Ajouter l'oignon, les échalotes et l'ail et faire revenir jusqu'à ce qu'ils soient parfumés, environ 1 minute.

c) Ajouter le vin rouge et laisser réduire de moitié, environ 4 minutes. Ajouter les champignons et cuire jusqu'à ce qu'ils soient juste tendres et que la majeure partie du liquide soit réduite, 4 à 5 minutes. Retirer du feu et laisser la garniture refroidir légèrement. Transférez la garniture dans un grand bol et laissez-la refroidir complètement.

d) Incorporer le parmesan et les fromages de chèvre. Ajouter la chapelure, le basilic, le romarin et le poivre noir. Bien mélanger, saler au goût et réserver.

e) Placer 2 feuilles de pâte phyllo sur un plan de travail propre et sec et badigeonner généreusement la feuille supérieure de beurre fondu. Placez 2 autres feuilles de pâte phyllo sur le dessus et badigeonnez à nouveau la feuille supérieure de beurre.

f) Versez la garniture au centre de la pâte, en l'étalant pour former un rectangle, en laissant une bordure de 2 pouces. Pliez l'une des extrémités courtes de la pâte d'environ 1 pouce sur la garniture. Pliez l'une des extrémités longues sur environ 1 pouce de la garniture et roulez doucement en une bûche.

g) Placez le strudel, couture vers le bas, sur la plaque à pâtisserie préparée et découpez des évents de 1/4 de pouce de profondeur le long du dessus.

h) Cuire au four pendant 25 à 30 minutes ou jusqu'à ce qu'ils soient dorés.

i) Retirer du four et laisser refroidir sur la plaque. À l'aide d'un couteau dentelé, coupez le strudel en 8 morceaux.

j) Servir chaud avec la sauce aux poivrons rouges rôtis et au basilic en accompagnement.

77. Strudel au foie

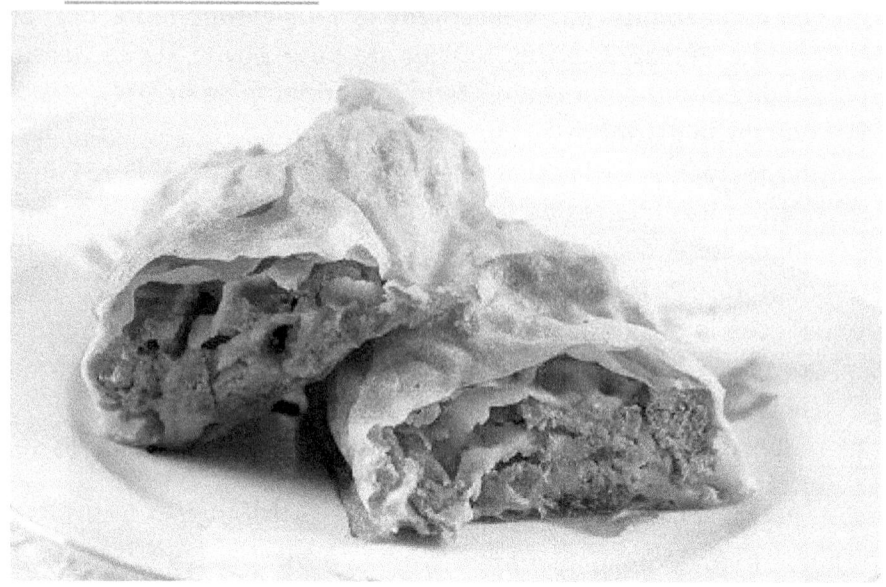

INGRÉDIENTS:
CROÛTE:
- 1 1/4 tasse de farine tamisée
- 1/2 cuillère à café de sel
- 1/3 tasse de shortening
- 3 cuillères à soupe d'eau (environ)

REMPLISSAGE:
- 2 oignons, émincés
- 3 cuillères à soupe de graisse
- 1/2 livre de foie de bœuf, tranché
- 4 œufs durs
- 1/2 cuillère à café de sel
- 1 œuf battu
- Une pincée de sel

INSTRUCTIONS:
POUR LA PÂTE:
a) Tamisez ensemble la farine et le sel.
b) Coupez le shortening jusqu'à ce que le mélange ressemble à du sable grossier.
c) Ajoutez de l'eau petit à petit jusqu'à ce que tout soit humidifié et que les morceaux adhèrent ensemble.

POUR LE REMPLISSAGE:
d) Faire revenir les oignons dans la graisse jusqu'à ce qu'ils soient jaune clair.
e) Ajouter le foie et faire revenir 4 minutes de chaque côté.
f) Passez les oignons, les foies et les œufs dans un hachoir.
g) Mélangez avec le reste de graisse laissée dans la poêle et ajoutez du sel et du poivre.

ASSEMBLÉE:
h) Divisez la pâte en trois et roulez-la très finement en bandes mesurant chacune 4 pouces sur 12 pouces.
i) Déposez une barre de mélange de foie au milieu de chaque bande.
j) Étalez dessus la moitié de la pâte; Badigeonner d'œuf battu et recouvrir de l'autre côté de la pâte.
k) Badigeonner le tout d'œuf battu et sceller les extrémités.
l) Placer sur des plaques à pâtisserie et cuire au four à 400°F pendant 20 minutes.
m) Laisser refroidir légèrement et couper en tranches de 1/2 pouce.

78.Strudel à la viande

INGRÉDIENTS:
POUR LE REMPLISSAGE:
- 1 lb de bœuf haché ou un mélange de bœuf et de porc
- 1 oignon, finement haché
- 2 gousses d'ail, hachées
- 1 tasse de champignons, finement hachés
- 1 tasse d'épinards, hachés
- 1/4 tasse de chapelure
- 1/4 tasse de bouillon de bœuf ou de légumes
- 1 cuillère à café de thym séché
- Sel et poivre noir au goût

POUR LA PÂTE DU STRUDEL :
- 2 tasses de farine tout usage
- 1/2 tasse d'eau tiède
- 1/4 tasse d'huile végétale
- Pincée de sel

POUR LE MONTAGE :
- 1/2 tasse de beurre fondu (pour badigeonner)
- Graines de sésame ou graines de pavot (facultatif, pour la garniture)

INSTRUCTIONS:
POUR LE REMPLISSAGE:
a) Dans une poêle, faire dorer la viande hachée à feu moyen. Égoutter l'excès de graisse si nécessaire.
b) Ajouter les oignons hachés et l'ail dans la poêle. Faire revenir jusqu'à ce que les oignons soient translucides.
c) Incorporer les champignons hachés et cuire jusqu'à ce qu'ils libèrent leur humidité.
d) Ajouter les épinards hachés, la chapelure, le bouillon de bœuf ou de légumes, le thym séché, le sel et le poivre noir. Cuire jusqu'à ce que le mélange soit bien mélangé et que tout excès de liquide soit évaporé. Retirer du feu et laisser refroidir.

POUR LA PÂTE DU STRUDEL :
e) Dans un bol, mélanger la farine et le sel. Faites un puits au centre et ajoutez de l'eau tiède et de l'huile végétale.

f) Mélanger jusqu'à ce qu'une pâte se forme. Pétrir la pâte sur une surface farinée jusqu'à ce qu'elle devienne lisse et élastique.
g) Laissez reposer la pâte environ 30 minutes, recouverte d'un linge humide.

ASSEMBLÉE:
h) Préchauffer le four à 375°F (190°C).
i) Etalez la pâte sur un plan fariné en un grand rectangle.
j) Placez la garniture à la viande refroidie le long d'un bord du rectangle, en laissant un peu d'espace sur les bords.
k) Abaisser la pâte sur la garniture, en repliant les côtés au fur et à mesure, pour former une bûche.
l) Placer le strudel roulé sur une plaque à pâtisserie recouverte de papier sulfurisé.
m) Badigeonner le strudel de beurre fondu. Éventuellement, saupoudrez de graines de sésame ou de graines de pavot.
n) Cuire au four préchauffé pendant 25 à 30 minutes ou jusqu'à ce que le strudel soit doré et bien cuit.
o) Laissez le strudel à la viande refroidir légèrement avant de le trancher.
p) Servez le Meat Strudel chaud et savourez la garniture savoureuse enveloppée dans une croûte feuilletée et dorée !

79.Strudel aux aubergines et tomates

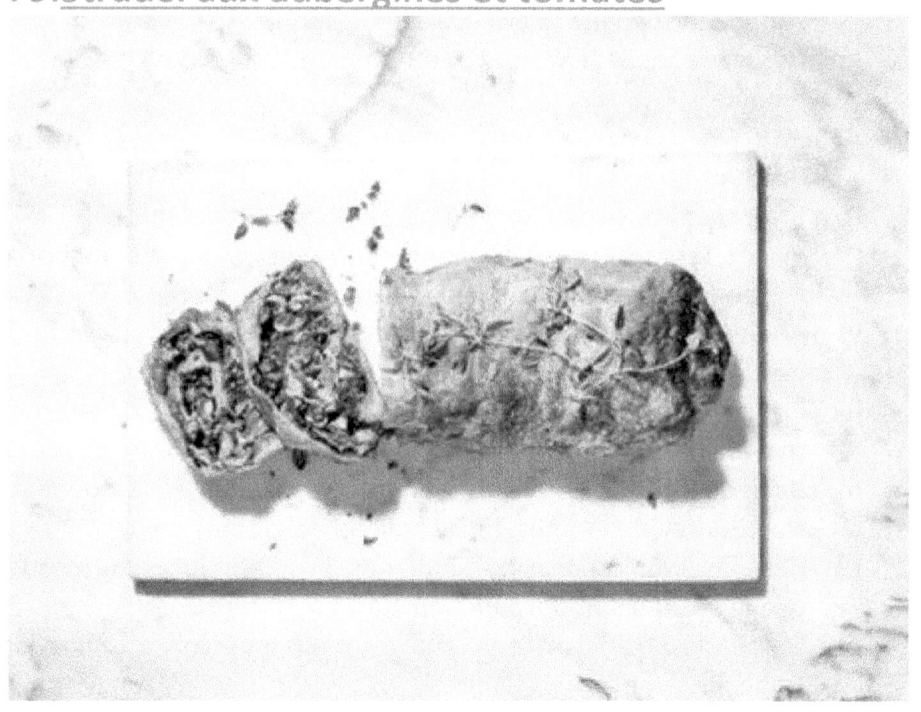

INGRÉDIENTS:
POUR LE REMPLISSAGE:
- 1 grosse aubergine, coupée en dés
- 1 tasse de tomates cerises, coupées en deux
- 1 oignon, finement haché
- 2 gousses d'ail, hachées
- 1 poivron rouge, coupé en dés
- 1/2 tasse de fromage feta émietté
- 1/4 tasse de basilic frais haché
- 2 cuillères à soupe d'huile d'olive
- Sel et poivre noir au goût

POUR LA PÂTE DU STRUDEL :
- 2 tasses de farine tout usage
- 1/2 tasse d'eau tiède
- 1/4 tasse d'huile d'olive
- Pincée de sel

POUR LE MONTAGE :
- 1/4 tasse de beurre fondu (pour badigeonner)
- Graines de sésame ou graines de pavot (facultatif, pour la garniture)

INSTRUCTIONS:
POUR LE REMPLISSAGE:
a) Préchauffer le four à 375°F (190°C).
b) Placer les aubergines coupées en dés sur une plaque à pâtisserie, arroser d'huile d'olive et rôtir au four préchauffé pendant environ 15 à 20 minutes ou jusqu'à ce qu'elles soient tendres. Retirer du four et laisser refroidir.
c) Dans une poêle, faire revenir les oignons et l'ail hachés dans l'huile d'olive jusqu'à ce qu'ils soient tendres.
d) Ajouter le poivron rouge coupé en dés dans la poêle et cuire quelques minutes jusqu'à ce qu'il soit légèrement tendre.
e) Mélanger les aubergines rôties, le mélange d'oignons sautés, les tomates cerises, la feta émiettée et le basilic haché dans un bol. Assaisonner avec du sel et du poivre noir. Bien mélanger.

POUR LA PÂTE DU STRUDEL :

f) Dans un bol, mélanger la farine et le sel. Faites un puits au centre et ajoutez de l'eau tiède et de l'huile d'olive.
g) Mélanger jusqu'à ce qu'une pâte se forme. Pétrir la pâte sur une surface farinée jusqu'à ce qu'elle devienne lisse et élastique.
h) Laissez reposer la pâte environ 30 minutes, recouverte d'un linge humide.

ASSEMBLÉE:
i) Préchauffer le four à 375°F (190°C).
j) Etalez la pâte sur un plan fariné en un grand rectangle.
k) Placez la garniture préparée le long d'un bord du rectangle, en laissant un peu d'espace sur les bords.
l) Abaisser la pâte sur la garniture, en repliant les côtés au fur et à mesure, pour former une bûche.
m) Placer le strudel roulé sur une plaque à pâtisserie recouverte de papier sulfurisé.
n) Badigeonner le strudel de beurre fondu. Éventuellement, saupoudrez de graines de sésame ou de graines de pavot.
o) Cuire au four préchauffé pendant 25 à 30 minutes ou jusqu'à ce que le strudel soit doré et bien cuit.
p) Laissez le strudel aubergine-tomate refroidir légèrement avant de le trancher.
q) Servez le strudel aux aubergines et aux tomates chaud et savourez la délicieuse combinaison d'aubergines rôties, de tomates juteuses et de feta savoureuse enveloppée dans une pâte feuilletée !

80.Strudel de courgettes à la viande hachée

INGRÉDIENTS:
POUR LE REMPLISSAGE:
- 1 lb de bœuf haché ou un mélange de bœuf et de porc
- 2 courgettes moyennes, râpées
- 1 oignon, finement haché
- 2 gousses d'ail, hachées
- 1/2 tasse de chapelure
- 1/4 tasse de lait
- 1 cuillère à café d'origan séché
- Sel et poivre noir au goût
- Huile d'olive pour faire sauter

POUR LA PÂTE DU STRUDEL :
- 2 tasses de farine tout usage
- 1/2 tasse d'eau tiède
- 1/4 tasse d'huile végétale
- Pincée de sel

POUR LE MONTAGE :
- 1/4 tasse de beurre fondu (pour badigeonner)
- Graines de sésame ou graines de pavot (facultatif, pour la garniture)

INSTRUCTIONS:
POUR LE REMPLISSAGE:
a) Préchauffer le four à 375°F (190°C).
b) Dans une poêle, faire revenir les oignons émincés et l'ail émincé dans l'huile d'olive jusqu'à ce qu'ils soient tendres.
c) Ajouter la viande hachée dans la poêle et cuire jusqu'à ce qu'elle soit dorée. Égoutter l'excès de graisse si nécessaire.
d) Dans un bol, mélanger les courgettes râpées, la chapelure, le lait, l'origan séché, le sel et le poivre noir. Bien mélanger.
e) Ajouter le mélange de courgettes dans la poêle avec la viande cuite. Cuire quelques minutes jusqu'à ce que les courgettes soient tendres. Retirer du feu et laisser refroidir.

POUR LA PÂTE DU STRUDEL :
f) Dans un bol, mélanger la farine et le sel. Faites un puits au centre et ajoutez de l'eau tiède et de l'huile végétale.

g) Mélanger jusqu'à ce qu'une pâte se forme. Pétrir la pâte sur une surface farinée jusqu'à ce qu'elle devienne lisse et élastique.
h) Laissez reposer la pâte environ 30 minutes, recouverte d'un linge humide.

ASSEMBLÉE:
i) Préchauffer le four à 375°F (190°C).
j) Etalez la pâte sur un plan fariné en un grand rectangle.
k) Placez la garniture de courgettes et de viande refroidie le long d'un bord du rectangle, en laissant un peu d'espace sur les bords.
l) Abaisser la pâte sur la garniture, en repliant les côtés au fur et à mesure, pour former une bûche.
m) Placer le strudel roulé sur une plaque à pâtisserie recouverte de papier sulfurisé.
n) Badigeonner le strudel de beurre fondu. Éventuellement, saupoudrez de graines de sésame ou de graines de pavot.
o) Cuire au four préchauffé pendant 25 à 30 minutes ou jusqu'à ce que le strudel soit doré et bien cuit.
p) Laissez le strudel de courgettes à la viande hachée refroidir légèrement avant de le trancher.
q) Servez le Strudel aux courgettes chaud et savourez la combinaison savoureuse de courgettes, de viande hachée et d'herbes aromatiques enveloppées dans une croûte croustillante et dorée !

81. Strudel au bœuf et au brocoli

INGRÉDIENTS :
POUR LE REMPLISSAGE :
- 1 lb de surlonge de bœuf, tranché finement
- 2 tasses de fleurons de brocoli, blanchis
- 1 oignon, tranché finement
- 2 gousses d'ail, hachées
- 1/4 tasse de sauce soja
- 2 cuillères à soupe de sauce aux huîtres
- 1 cuillère à soupe de sauce hoisin
- 1 cuillère à café d'huile de sésame
- 1 cuillère à soupe d'huile végétale
- Sel et poivre noir au goût

POUR LA PÂTE DU STRUDEL :
- 2 tasses de farine tout usage
- 1/2 tasse d'eau tiède
- 1/4 tasse d'huile végétale
- Pincée de sel

POUR LE MONTAGE :
- 1/4 tasse de beurre fondu (pour badigeonner)
- Graines de sésame (facultatif, pour la garniture)

INSTRUCTIONS :
POUR LE REMPLISSAGE :
a) Préchauffer le four à 375°F (190°C).
b) Dans une poêle, chauffer l'huile végétale à feu moyen-vif. Ajouter les tranches de bœuf et cuire jusqu'à ce qu'elles soient dorées. Retirer de la poêle et réserver.
c) Dans la même poêle, ajoutez un peu d'huile si nécessaire. Faire revenir les oignons émincés et l'ail émincé jusqu'à ce qu'ils soient tendres.
d) Ajouter les fleurons de brocoli blanchis dans la poêle et faire sauter pendant quelques minutes.
e) Remettez le bœuf cuit dans la poêle. Ajouter la sauce soja, la sauce aux huîtres, la sauce hoisin, l'huile de sésame, le sel et le poivre noir. Cuire jusqu'à ce que le mélange soit bien mélangé et bien chaud. Retirer du feu et laisser refroidir.

POUR LA PÂTE DU STRUDEL :
f) Dans un bol, mélanger la farine et le sel. Faites un puits au centre et ajoutez de l'eau tiède et de l'huile végétale.
g) Mélanger jusqu'à ce qu'une pâte se forme. Pétrir la pâte sur une surface farinée jusqu'à ce qu'elle devienne lisse et élastique.
h) Laissez reposer la pâte environ 30 minutes, recouverte d'un linge humide.

ASSEMBLÉE:
i) Préchauffer le four à 375°F (190°C).
j) Etalez la pâte sur un plan fariné en un grand rectangle.
k) Placez la garniture refroidie au bœuf et au brocoli le long d'un bord du rectangle, en laissant un peu d'espace sur les bords.
l) Abaisser la pâte sur la garniture, en repliant les côtés au fur et à mesure, pour former une bûche.
m) Placer le strudel roulé sur une plaque à pâtisserie recouverte de papier sulfurisé.
n) Badigeonner le strudel de beurre fondu. Éventuellement, saupoudrez de graines de sésame.
o) Cuire au four préchauffé pendant 25 à 30 minutes ou jusqu'à ce que le strudel soit doré et bien cuit.
p) Laissez le strudel au bœuf et au brocoli refroidir légèrement avant de le trancher.

82.Strudels aux saucisses et aux champignons

INGRÉDIENTS:
POUR LE REMPLISSAGE:
- 1 lb de saucisses (italiennes, petit-déjeuner ou de votre choix), boyaux retirés
- 2 tasses de champignons, finement hachés
- 1 oignon, finement haché
- 2 gousses d'ail, hachées
- 1/2 tasse de chapelure
- 1/4 tasse de parmesan râpé
- 1 cuillère à soupe de feuilles de thym frais
- Sel et poivre noir au goût
- Huile d'olive pour faire sauter

POUR LA PÂTE DU STRUDEL :
- 2 tasses de farine tout usage
- 1/2 tasse d'eau tiède
- 1/4 tasse d'huile végétale
- Pincée de sel

POUR LE MONTAGE :
- 1/4 tasse de beurre fondu (pour badigeonner)
- Graines de sésame ou graines de pavot (facultatif, pour la garniture)

INSTRUCTIONS:
POUR LE REMPLISSAGE:
a) Préchauffer le four à 375°F (190°C).
b) Dans une poêle, faire chauffer l'huile d'olive à feu moyen-vif. Ajouter les oignons hachés et l'ail émincé. Faire sauter jusqu'à ce qu'il soit ramolli.
c) Ajoutez la saucisse dans la poêle, brisez-la avec une cuillère et faites cuire jusqu'à ce qu'elle soit dorée. Égoutter l'excès de graisse si nécessaire.
d) Ajouter les champignons hachés dans la poêle et cuire jusqu'à ce qu'ils libèrent leur humidité.
e) Incorporer la chapelure, le parmesan râpé, le thym frais, le sel et le poivre noir. Cuire jusqu'à ce que le mélange soit bien mélangé . Retirer du feu et laisser refroidir.

POUR LA PÂTE DU STRUDEL :

f) Dans un bol, mélanger la farine et le sel. Faites un puits au centre et ajoutez de l'eau tiède et de l'huile végétale.

g) Mélanger jusqu'à ce qu'une pâte se forme. Pétrir la pâte sur une surface farinée jusqu'à ce qu'elle devienne lisse et élastique.

h) Laissez reposer la pâte environ 30 minutes, recouverte d'un linge humide.

ASSEMBLÉE:

i) Préchauffer le four à 375°F (190°C).

j) Etalez la pâte sur un plan fariné en un grand rectangle.

k) Placez la garniture refroidie aux saucisses et aux champignons le long d'un bord du rectangle, en laissant un peu d'espace sur les bords.

l) Abaisser la pâte sur la garniture, en repliant les côtés au fur et à mesure, pour former une bûche.

m) Placer le strudel roulé sur une plaque à pâtisserie recouverte de papier sulfurisé.

n) Badigeonner le strudel de beurre fondu. Éventuellement, saupoudrez de graines de sésame ou de graines de pavot.

o) Cuire au four préchauffé pendant 25 à 30 minutes ou jusqu'à ce que le strudel soit doré et bien cuit.

p) Laissez les strudels aux saucisses et aux champignons refroidir légèrement avant de les trancher.

83. Strudel aux champignons et courgettes

INGRÉDIENTS:
POUR LE REMPLISSAGE:
- 2 tasses de champignons, tranchés finement
- courgettes moyennes (courgettes), râpées
- 1 oignon, finement haché
- 2 gousses d'ail, hachées
- 1/2 tasse de fromage ricotta
- 1/4 tasse de parmesan râpé
- 2 cuillères à soupe de persil frais haché
- 1 cuillère à soupe d'huile d'olive
- Sel et poivre noir au goût

POUR LA PÂTE DU STRUDEL :
- 2 tasses de farine tout usage
- 1/2 tasse d'eau tiède
- 1/4 tasse d'huile d'olive
- Pincée de sel

POUR LE MONTAGE :
- 1/4 tasse de beurre fondu (pour badigeonner)
- Graines de sésame ou graines de pavot (facultatif, pour la garniture)

INSTRUCTIONS:
POUR LE REMPLISSAGE:
a) Préchauffer le four à 375°F (190°C).
b) Dans une poêle, faire chauffer l'huile d'olive à feu moyen-vif. Ajouter les oignons hachés et l'ail émincé. Faire sauter jusqu'à ce qu'il soit ramolli.
c) Ajouter les champignons tranchés dans la poêle et cuire jusqu'à ce qu'ils libèrent leur humidité.
d) Incorporer les courgettes râpées (courgettes) et cuire quelques minutes jusqu'à ce qu'elles soient tendres. Éliminez l'excès d'humidité si nécessaire.
e) Dans un bol, mélanger le mélange de champignons et de courgettes sautés avec le fromage ricotta, le parmesan râpé, le persil haché, le sel et le poivre noir. Bien mélanger. Laissez la garniture refroidir.

POUR LA PÂTE DU STRUDEL :

f) Dans un bol, mélanger la farine et le sel. Faites un puits au centre et ajoutez de l'eau tiède et de l'huile d'olive.

g) Mélanger jusqu'à ce qu'une pâte se forme. Pétrir la pâte sur une surface farinée jusqu'à ce qu'elle devienne lisse et élastique.

h) Laissez reposer la pâte environ 30 minutes, recouverte d'un linge humide.

ASSEMBLÉE:

i) Préchauffer le four à 375°F (190°C).

j) Etalez la pâte sur un plan fariné en un grand rectangle.

k) Placez la garniture aux champignons et courgettes refroidie le long d'un bord du rectangle, en laissant un peu d'espace sur les bords.

l) Abaisser la pâte sur la garniture, en repliant les côtés au fur et à mesure, pour former une bûche.

m) Placer le strudel roulé sur une plaque à pâtisserie recouverte de papier sulfurisé.

n) Badigeonner le strudel de beurre fondu. Éventuellement, saupoudrez de graines de sésame ou de graines de pavot.

o) Cuire au four préchauffé pendant 25 à 30 minutes ou jusqu'à ce que le strudel soit doré et bien cuit.

p) Laissez le strudel aux champignons et aux courgettes refroidir légèrement avant de le trancher.

84.Strudel aux champignons

INGRÉDIENTS:
- 2 échalotes, hachées
- ½ tasse de vin blanc
- 8 onces de crimini , tranché
- 8 onces de shiitake, tranché
- 1 ½ tasse de crème épaisse
- ½ cuillères à café de thym frais
- Sel et poivre noir au goût
- 1 œuf battu
- 12 carrés de pâte feuilletée de 4 pouces

INSTRUCTIONS:

a) Cuire les champignons et les échalotes dans le vin jusqu'à ce que le vin s'évapore. Ajoutez la crème, le thym, salez et poivrez.

b) Réduire de moitié et réfrigérer quelques heures ou jusqu'à ce que la crème prenne. Verser 1 cuillère à café ronde du mélange de champignons dans la pâte, plier et badigeonner de dorure à l'œuf.

c) Cuire au four pendant environ 8 à 12 minutes ou jusqu'à ce qu'ils soient dorés. Faites chauffer le reste du mélange de champignons et servez avec le strudel.

PLUS DE PLATS ENCASTÉS

85. Croustades de filet mignon fourrées au fromage et aux champignons

INGRÉDIENTS :
POUR LES CROUSTADES :
- 1 baguette, tranchée en rondelles de 1/2 pouce
- Huile d'olive pour badigeonner
- Sel et poivre noir au goût

POUR LE FILET DE BOEUF :
- 1 lb de filet de bœuf, finement coupé
- 2 cuillères à soupe d'huile d'olive
- 2 gousses d'ail, hachées
- 1 cuillère à café de thym séché
- Sel et poivre noir au goût

POUR LA FARCE AUX CHAMPIGNONS ET AU FROMAGE DE CHÈVRE :
- 2 tasses de champignons, finement hachés
- 2 cuillères à soupe de beurre
- 1 petit oignon, finement haché
- 2 gousses d'ail, hachées
- 4 onces de fromage de chèvre
- Sel et poivre noir au goût
- Persil frais haché (pour la garniture)

INSTRUCTIONS :
POUR LES CROUSTADES :
a) Préchauffer le four à 375°F (190°C).
b) Disposez les tranches de baguette sur une plaque à pâtisserie. Badigeonner chaque tranche d'huile d'olive et saupoudrer de sel et de poivre noir.
c) Cuire au four préchauffé pendant 8 à 10 minutes ou jusqu'à ce que les tranches soient dorées et croustillantes. Mettre de côté.

POUR LE FILET DE BOEUF :
d) Dans une poêle, faire chauffer l'huile d'olive à feu moyen-vif. Ajouter l'ail émincé et faire revenir jusqu'à ce qu'il soit parfumé.
e) Ajoutez le filet de bœuf finement coupé dans la poêle. Assaisonner avec du thym séché, du sel et du poivre noir.
f) Cuire jusqu'à ce que le bœuf soit doré de tous les côtés. Retirer du feu et mettre de côté.

POUR LA FARCE AUX CHAMPIGNONS ET AU FROMAGE DE CHÈVRE :

g) Dans la même poêle, faire fondre le beurre à feu moyen. Ajouter les oignons hachés et faire revenir jusqu'à ce qu'ils soient ramollis.
h) Ajouter les champignons hachés et l'ail émincé dans la poêle. Cuire jusqu'à ce que les champignons libèrent leur humidité.
i) Assaisonner avec du sel et du poivre noir. Incorporer le fromage de chèvre et cuire jusqu'à ce que le mélange soit bien mélangé . Retirer du feu.

ASSEMBLÉE:
j) Verser une petite quantité de garniture aux champignons et au fromage de chèvre dans chaque croustade.
k) Garnir chaque croustade d'une portion de filet de bœuf sauté.
l) Garnir de persil frais haché.

86. Rouleaux de saucisses au whisky

INGRÉDIENTS:
- 1 lb de saucisses pour petit-déjeuner
- 1/4 tasse de whisky
- 1/4 tasse de chapelure
- 1/4 tasse de persil haché
- 1 cuillère à café de poudre d'ail
- Sel et poivre au goût
- 1 feuille de pâte feuilletée, décongelée

INSTRUCTIONS:
a) Préchauffez votre four à 400°F (200°C).
b) Dans un bol à mélanger, mélanger la saucisse du petit-déjeuner, le whisky, la chapelure, le persil, la poudre d'ail, le sel et le poivre.
c) Étalez la feuille de pâte feuilletée sur un plan fariné et coupez-la en 8 rectangles égaux.
d) Divisez le mélange de saucisses en 8 portions et façonnez chacune en forme de saucisse.
e) Disposez chaque boudin sur un rectangle de pâte feuilletée et enroulez-le en scellant les bords.
f) Placez les rouleaux de saucisses sur une plaque à pâtisserie et faites cuire au four pendant 20 à 25 minutes, ou jusqu'à ce qu'ils soient dorés et bien cuits.
g) Servir chaud.

87. mangue et Saucisse Moulinets

INGRÉDIENTS:
- 500 g de saucisses hachées
- 36 feuilles de pousses d'épinards
- 185 g de chutney de mangue et de piment
- 1 petit oignon coupé finement
- 1 cuillère à café d'assaisonnement marocain facultatif
- 1 pincée de sel et de poivre
- 3 feuilles de pâte feuilletée
- 1 cuillère à soupe de lait

INSTRUCTIONS:

a) Mélanger l'oignon, le chutney de mangue, la saucisse hachée, le sel, le poivre et l'assaisonnement marocain dans un bol moyen.

b) Étaler sur les feuilles de pâtisserie en laissant un petit espace à l'extrémité.

c) Couvrir la viande d'une couche de pousses d'épinards.

d) Rouler la pâte à partir du bord le plus proche. Passez un pinceau à pâtisserie imbibé de lait le long du bord le plus éloigné pour sceller la pâte en forme de longue saucisse.

e) Couper en 12 tranches et déposer les morceaux à plat sur une plaque graissée.

f) Cuire au four à 180°C pendant 12 à 15 minutes jusqu'à ce qu'il soit cuit.

88. Rouleaux de pâte feuilletée au thon

INGRÉDIENTS:
- 1 feuille de pâte feuilletée
- 2 cuillères à café d'huile d'olive extra vierge
- 1 oignon brun/jaune moyen, coupé en petits dés
- 6,5 onces de thon en conserve dans l'huile, bien égoutté
- ⅓ tasse de fromage cheddar, râpé
- 3 cuillères à soupe de persil plat finement haché
- 1 cuillère à café de zeste de citron
- ¼ cuillère à café de poivre de Cayenne
- sel de mer et poivre noir fraîchement moulu

INSTRUCTIONS:
a) Préchauffez votre four à 200 degrés C.
b) Préparez une plaque à pâtisserie avec du papier sulfurisé.
c) Sortez la pâte feuilletée du congélateur et décongelez-la.
d) Remettre la pâte au réfrigérateur une fois décongelée pour la conserver au frais.
e) Hachez finement votre oignon et faites-le revenir doucement dans l'huile d'olive pendant environ 8 à 10 minutes, ou jusqu'à ce qu'il soit légèrement caramélisé . Laisser refroidir.
f) Égouttez la boîte de thon et ajoutez-la dans un bol de taille moyenne. Écrasez pour briser les gros morceaux.
g) Ajouter l'oignon cuit et le reste des ingrédients au thon et bien mélanger.
h) Vérifiez que l'assaisonnement est à votre goût, en ajoutant plus de sel, de poivre ou de zeste de citron si nécessaire.
i) Garnissez la pâte de votre mélange de thon. Étalez uniformément le mélange en veillant à laisser un petit espace sur le pourtour de la pâte.
j) À l'aide du dos d'une cuillère ou d'une spatule en caoutchouc, appuyez sur le mélange pour le compacter.
k) Commencez lentement à rouler la pâte à partir de l'extrémité la plus proche de vous. Continuez à avancer, raisonnablement fermement, en le gardant aussi serré que possible, jusqu'à ce que vous arriviez à la fin du rouleau.

l) Remettez la pâte feuilletée au réfrigérateur pendant environ 15 minutes pour qu'elle raffermisse.
m) À l'aide d'un couteau dentelé, coupez les extrémités et jetez-les.
n) Ensuite, à l'aide du même couteau, coupez un moulinet en tranches d'environ 1,5 cm (½") d'épaisseur.
o) Placez vos moulins à vent sur une plaque à pâtisserie. Si un peu de mélange tombe, repoussez-le doucement.
p) Cuire au four pendant 15 à 20 minutes, ou jusqu'à ce qu'il soit doré et que la pâte soit bien cuite.
q) Servir chaud à la sortie du four ou laisser refroidir à température ambiante.

89. Petits cochons dans un hamac

INGRÉDIENTS:
- 1 paquet (17,3 onces) de pâte feuilletée surgelée, décongelée
- 3 cuillères à soupe de confiture de framboises sans pépins
- 1 cuillère à soupe de moutarde de Dijon
- 1 rondelle (8 onces) de camembert
- 18 saucisses fumées miniatures
- 1 œuf large
- 1 cuillère à soupe d'eau

INSTRUCTIONS:

a)   Préchauffer le four à 425°F. Étalez la pâte feuilletée et découpez 9 carrés dans chaque pâte. Coupez chaque carré en diagonale pour créer deux triangles.

b)   Mélanger la moutarde et la confiture dans un petit bol, bien mélanger. Étalez le mélange sur les triangles. Couper le fromage en deux sur la largeur; puis coupez chaque moitié en neuf quartiers.

c)   Déposez un quartier de fromage et un saucisson sur chaque triangle de pâte. Tirez les bords de la pâte sur les saucisses et le fromage et scellez en pressant les bords ensemble.

d)   Disposer la pâte sur une plaque à pâtisserie recouverte de papier sulfurisé. Battre l'eau et l'œuf ensemble dans un petit bol et badigeonner la pâte du mélange de dorure aux œufs.

e)   Cuire au four jusqu'à ce qu'il soit doré, 15 à 17 minutes.

90. Rouleaux de saucisses en pâte feuilletée

INGRÉDIENTS :
- 1 feuille de pâte feuilletée, décongelée
- 4 maillons de saucisses, boyaux retirés
- 1 œuf battu

INSTRUCTIONS :
a) Préchauffer le four à 400°F (200°C).
b) Sur une surface légèrement farinée, étalez la pâte feuilletée sur environ 1/4 de pouce d'épaisseur.
c) Divisez la chair à saucisse en 4 portions égales et façonnez chaque portion en bûche.
d) Placez chaque bûche à saucisses sur la pâte feuilletée et enroulez la pâte feuilletée autour de la bûche à saucisses en pressant les bords pour sceller.
e) 5. Coupez chaque rouleau de saucisse en 4 morceaux égaux.
f) Placer les rouleaux de saucisses sur une plaque à pâtisserie recouverte de papier sulfurisé.
g) Badigeonner chaque rouleau de saucisse d'œuf battu.
h) Cuire au four pendant 20 à 25 minutes jusqu'à ce qu'elles soient dorées et que les saucisses soient bien cuites.
i) Servir chaud.

91. Ragoût de bœuf aux herbes avec pâte feuilletée

INGRÉDIENTS:
- 1 livre de viande de ragoût de bœuf, coupée en cubes de 1 pouce
- 1 cuillère à soupe d'huile de canola
- 3 carottes moyennes, coupées en morceaux de 1 pouce
- 1 à 2 pommes de terre rouges moyennes, coupées en morceaux de 1 pouce
- 1 tasse de céleri tranché (morceaux de 1/2 pouce)
- 1/2 tasse d'oignon haché
- 1 gousse d'ail, hachée
- 2 boîtes (10 1/2 onces chacune) de bouillon de bœuf condensé, non dilué
- 1 boîte (14-1/2 onces) de tomates en dés, non égouttées
- 1 cuillère à café de flocons de persil séchés, de thym et de marjolaine
- 1/4 cuillère à café de poivre
- 2 feuilles de laurier
- 1 tasse de courge musquée pelée en cubes
- 3 cuillères à soupe de tapioca à cuisson rapide
- 1 à 2 paquets (17,3 onces chacun) de pâte feuilletée surgelée, décongelée
- 1 jaune d'oeuf
- 1/4 tasse de crème fouettée épaisse

INSTRUCTIONS:

a) Faire dorer le bœuf dans l'huile dans une cocotte; souche. Incorporer les assaisonnements, les tomates, le bouillon, l'ail, l'oignon, le céleri, les pommes de terre et les carottes.

b) Faites-le bouillir. Baisser le feu, laisser mijoter à couvert jusqu'à ce que la viande soit presque tendre, environ 1 heure. Retirez les feuilles de laurier. Incorporer le tapioca et la courge , faire bouillir à nouveau . Cuire 5 minutes. Retirer du feu, laisser refroidir 10 minutes.

c) Pendant ce temps, sur une surface légèrement farinée, étalez la pâte feuilletée sur 1/4 de pouce d'épaisseur. Avec un 10 onces. Dans le ramequin, en utilisant comme motif, découpez 6 cercles de pâtisserie d'environ 1 pouce plus grand que le diamètre du ramequin.

d) Farcir le mélange de bœuf dans 6 moules graissés de 10 oz. ramequins; déposer un cercle de pâtisserie sur chacun. Scellez la pâte sur les bords des ramequins, faites une entaille au niveau des fentes de chaque pâte. Si vous le souhaitez, découpez 30 bandes avec les chutes de pâte.

e) Torsadez les lanières, disposez sur chaque ramequin 5 lanières. Scellez en pinçant les bords. Mélanger la crème et le jaune d'oeuf, badigeonner le dessus.

f) Mettez une plaque à biscuits. Cuire au four à 400° jusqu'à ce qu'il devienne doré, environ 30-35 minutes. Laisser reposer 5 minutes avant de déguster.

92. Rouleaux de saucisses d'agneau au yaourt harissa

INGRÉDIENTS:
- 2 cuillères à soupe d'huile d'olive extra vierge
- 1 oignon blanc, finement haché
- 3 gousses d'ail, écrasées
- 1 cuillères à soupe de romarin finement haché
- 1 cuillère à café de graines de cumin, écrasées, et un peu plus
- 500 g de viande hachée d'agneau
- 3 feuilles de pâte feuilletée au beurre surgelée, décongelées
- 1 œuf légèrement battu
- 250 g de yaourt épais à la grecque
- 1/4 tasse (75 g) de chutney d'harissa ou de tomates
- Micro menthe pour servir (facultatif)

INSTRUCTIONS:

a) Préchauffer le four à 200°C. Faites chauffer l'huile dans une poêle à feu moyen. Ajouter l'oignon et cuire 3 à 4 minutes jusqu'à ce qu'il soit ramolli. Ajouter l'ail, le romarin et le cumin et cuire 1 à 2 minutes jusqu'à ce qu'ils soient parfumés. Retirer du feu, réfrigérer 10 minutes, puis mélanger avec la viande hachée.

b) Répartissez le mélange sur les feuilles de pâte en le posant le long d'un bord pour former une bûche. Rouler pour envelopper en badigeonnant les 3 derniers cm de recouvrement de pâte avec de la dorure à l'œuf. Sceller et garnir la pâte.

c) Placer sur une plaque à pâtisserie recouverte de papier sulfurisé, joint vers le bas et congeler 10 minutes. Cela les rendra plus faciles à trancher.

d) Coupez chaque rouleau en 4 et laissez-le sur la plaque. Badigeonner de dorure à l'œuf et parsemer de graines de cumin supplémentaires. Cuire au four pendant 30 minutes ou jusqu'à ce que la pâte soit dorée et que les rouleaux soient bien cuits.

e) Mélangez l'harissa dans le yaourt et servez avec les rouleaux de saucisses parsemés de menthe.

93. Tourte au Pot à la Libanaise

INGRÉDIENTS:
- 3 cuillères à soupe d'ail écrasé
- 1/4 tasse de fromage feta aux fines herbes émietté
- 1 jaune d'oeuf
- 1 feuille de pâte feuilletée surgelée, décongelée, coupée en deux
- 2 tasses d'épinards frais hachés
- 2 moitiés de poitrine de poulet désossées et sans peau
- 2 cuillères à soupe de pesto de basilic
- 1/3 tasse de tomates séchées hachées

INSTRUCTIONS : s

a) Réglez votre four à 375 degrés F avant de faire autre chose.

b) Enduisez les poitrines de poulet d'un mélange de purée d'ail et de jaune d'œuf dans un plat en verre avant de les recouvrir d'une pellicule plastique et de réfrigérer ces poitrines de poulet pendant au moins quatre heures.

c) Mettez la moitié des épinards au centre d'une moitié de pâte puis déposez dessus un morceau de blanc de poulet avant d'ajouter 1 cuillère à soupe de pesto, les tomates séchées, la feta puis le reste des épinards.

d) Enveloppez-le avec l'autre moitié de la pâte.

e) Répétez les mêmes étapes pour les morceaux de poitrine restants.

f) Disposez tout cela sur un plat allant au four.

g) Cuire au four préchauffé pendant environ 40 minutes ou jusqu'à ce que le poulet soit tendre.

h) Servir.

94.Tourte aux légumes

INGRÉDIENTS:
- 1 feuille de pâte feuilletée
- 2 tasses de légumes mélangés, décongelés
- 1 boîte de soupe crème de champignons condensée
- 1/2 tasse de lait
- Sel et poivre

INSTRUCTIONS:
a) Préchauffer le four à 400°F (200°C).
b) Dans un bol, mélanger le mélange de légumes, la soupe concentrée, le lait, le sel et le poivre.
c) Étalez la pâte feuilletée sur une surface légèrement farinée et placez-la dans un plat allant au four.
d) Versez le mélange de légumes dans la pâte et recouvrez-la d'une autre feuille de pâte en sertissant les bords pour bien sceller.
e) Cuire au four pendant 30 à 35 minutes ou jusqu'à ce que la pâte soit dorée.

95. Tarte ouverte aux épinards et au pesto

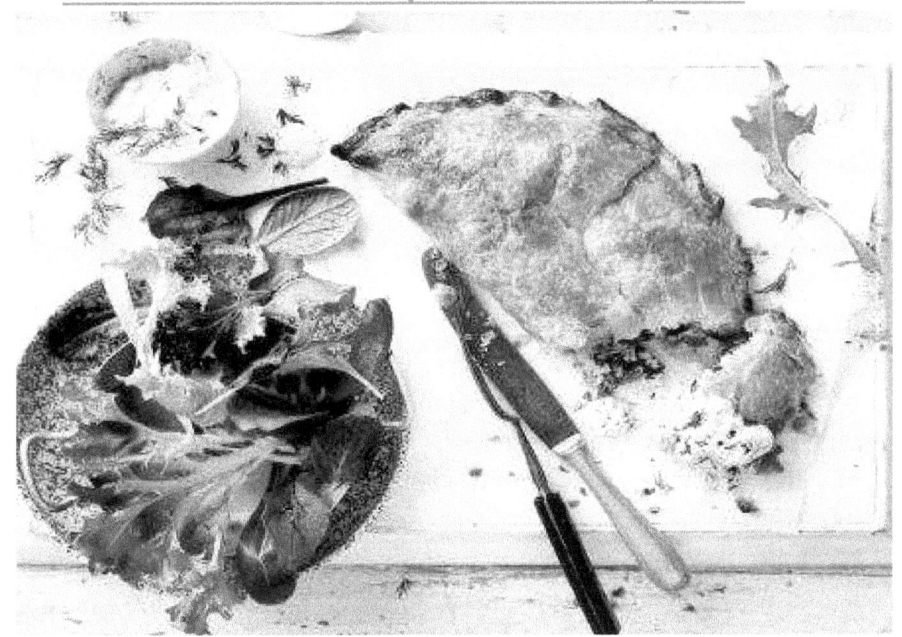

INGRÉDIENTS:
- 2 (12 oz) filets de saumon sans peau et désossés
- sel assaisonné au goût
- 1/2 cuillère à café de poudre d'ail
- 1 cuillère à café de poudre d'oignon
- 1 paquet (17,25 oz) de pâte feuilletée surgelée, décongelée
- 1/3 tasse de pesto
- 1 paquet (6 oz) de feuilles d'épinards

INSTRUCTIONS : s

a) Réglez votre four à 375 degrés F avant de faire autre chose.
b) Enrober le saumon d'un mélange de sel, de poudre d'oignon et de poudre d'ail avant de le réserver.
c) Placez maintenant la moitié de vos épinards entre deux feuilles de pâte feuilletée séparées, tout en en mettant davantage au centre et placez le filet de saumon sur chacune d'elles au centre avant de placer le pesto et le reste des épinards.
d) Humidifiez les bords avec de l'eau et pliez-le.
e) Faites cuire au four préchauffé pendant environ 25 minutes.
f) Refroidissez-le.
g) Servir.

96.Burekas

INGRÉDIENTS:
- 1 lb / 500 g de pâte feuilletée pur beurre de la meilleure qualité
- 1 gros œuf fermier, battu

GARNITURE À LA RICOTTA
- ¼ tasse / 60 g de fromage cottage
- ¼ tasse / 60 g de fromage ricotta
- ⅔ tasse / 90 fromage feta émietté
- 2 cuillères à café / 10 g de beurre doux, fondu

GARNITURE AU PECORINO
- 3½ cuillères à soupe / 50 g de fromage ricotta
- ⅔ tasse / 70 g de fromage pecorino vieilli râpé
- ⅓ tasse / 50 g de fromage Cheddar vieilli râpé
- 1 poireau, coupé en segments de 2 pouces / 5 cm, blanchi jusqu'à tendreté et finement haché (¾ tasse / 80 g au total)
- 1 cuillère à soupe de persil plat haché
- ½ cuillère à café de poivre noir fraîchement moulu

GRAINES
- 1 cuillère à café de graines de nigelle
- 1 cuillère à café de graines de sésame
- 1 cuillère à café de graines de moutarde jaune
- 1 cuillère à café de graines de carvi
- ½ cuillère à café de flocons de chili

INSTRUCTIONS:

a)   Étalez la pâte en deux carrés de 12 pouces / 30 cm chacun de ⅛ pouce / 3 mm d'épaisseur. Disposez les feuilles de pâte sur une plaque à pâtisserie tapissée de papier sulfurisé (elles peuvent reposer les unes sur les autres, avec une feuille de papier sulfurisé entre elles) et laissez au réfrigérateur pendant 1 heure.

b)   Placez chaque ensemble d' ingrédients de garniture dans un bol séparé. Mélanger et réserver. Mélangez toutes les graines dans un bol et réservez.

c)   Couper chaque feuille de pâte en carrés de 4 pouces/10 cm ; vous devriez obtenir 18 carrés au total. Répartissez uniformément la première garniture sur la moitié des carrés, en la versant au centre de chaque carré. Badigeonnez deux bords adjacents de chaque carré avec de l'œuf, puis pliez le carré en deux pour former un triangle. Chassez l'air et pincez fermement les côtés ensemble. Il faut bien appuyer sur les bords pour qu'ils ne s'ouvrent pas pendant la cuisson. Répétez avec les carrés de pâte restants et la deuxième garniture. Placer sur une plaque à pâtisserie tapissée de papier sulfurisé et réfrigérer au réfrigérateur pendant au moins 15 minutes pour raffermir. Préchauffer le four à 425°F / 220°C.

d) Badigeonner d'œuf les deux bords courts de chaque pâte et tremper ces bords dans le mélange de graines ; une infime quantité de graines, d'à peine ⅙ pouce / 2 mm de large, suffit, car elles sont assez dominantes. Badigeonnez également le dessus de chaque pâtisserie avec un peu d'œuf en évitant les graines.

e) Assurez-vous que les pâtisseries sont espacées d'environ 1¼ pouces / 3 cm. Cuire au four de 15 à 17 minutes, jusqu'à ce que tout soit doré. Servez chaud ou à température ambiante. Si une partie de la garniture déborde des pâtisseries pendant la cuisson, remettez-la délicatement lorsqu'elles sont suffisamment froides pour être manipulées.

97.Tarte au steak de boeuf

INGRÉDIENTS :
- 1 1/2 livre de filet de bœuf, coupé en petits morceaux
- 1/4 tasse de farine
- 1 cuillère à café de sel
- 1/2 cuillère à café de poivre noir
- 3 cuillères à soupe de beurre
- 1 tasse de bouillon de boeuf
- 1 tasse de champignons tranchés
- 1/2 tasse d'oignons hachés
- 1/2 tasse de céleri haché
- 1/2 tasse de carottes hachées
- 2 cuillères à soupe de persil frais haché
- 1/2 cuillère à café de thym séché
- 1/4 cuillère à café de romarin séché
- 1 feuille de pâte feuilletée
- 1 œuf battu

INSTRUCTIONS:
a) Préchauffer le four à 400°F.
b) Dans un grand bol, mélanger la farine, le sel et le poivre noir. Ajouter les morceaux de bœuf et mélanger jusqu'à ce qu'ils soient enrobés du mélange de farine.
c) Faire fondre le beurre dans une grande poêle à feu moyen-vif. Ajouter le bœuf et cuire jusqu'à ce qu'il soit doré de tous les côtés.
d) Ajouter le bouillon de bœuf, les champignons, les oignons, le céleri, les carottes, le persil, le thym et le romarin dans la poêle. Portez à ébullition, puis réduisez le feu et laissez mijoter 10 à 15 minutes, jusqu'à ce que les légumes soient tendres et que la sauce épaississe.
e) Étalez la pâte feuilletée sur une surface légèrement farinée et utilisez-la pour tapisser un plat à tarte de 9 pouces. Remplissez la tarte avec le mélange de bœuf.
f) Badigeonner les bords de la pâte avec l'oeuf battu. Couvrir le dessus de la tarte avec le reste de pâte, en rabattant les bords pour bien sceller.
g) Badigeonner le dessus de la pâte avec le reste d'oeuf battu.
h) Cuire au four préchauffé pendant 30 à 35 minutes, jusqu'à ce que la pâte soit dorée.

98.Australie n Pie Flotteur

INGRÉDIENTS:
- 1 gros oignon brun, finement haché
- 2 cuillères à soupe d'huile végétale
- 1 livre de bœuf maigre finement haché ou haché
- 3/4 tasse de bouillon de bœuf ou de légumes
- 1 cuillère à soupe de fécule de maïs
- Pincée de sel
- Pincée de poivre
- 2 feuilles de pâte à tarte surgelée
- 2 feuilles de pâte feuilletée surgelée
- 4 tasses de bouillon de bœuf
- 2 cuillères à café de bicarbonate de soude
- 1 livre de pois verts séchés, trempés toute la nuit dans suffisamment d'eau pour couvrir
- 1 cuillère à café de bicarbonate de soude

INSTRUCTIONS:

a) La veille, placez les petits pois dans une casserole profonde, couvrez d'eau mélangée à du bicarbonate de soude et laissez reposer toute la nuit. Égoutter au moment de cuire.

b) Préchauffer le four à 450°F.

c) Dans une casserole, faire revenir les oignons dans un peu d'huile. Ajoutez le bœuf et faites-le dorer.

d) Ajouter le bouillon, les condiments et la fécule de maïs. Cuire à feu moyen, en remuant constamment pour incorporer la fécule de maïs jusqu'à ce qu'une sauce épaisse se forme environ cinq minutes.

e) Beurrer quatre moules à tarte de 3 × 6 pouces. Couper des cercles de 3 × 7 pouces dans la pâte à tarte pour tapisser le fond et les côtés des moules. Remplissez du mélange de bœuf et de sauce. Badigeonner les jantes avec de l'eau.

f) Découpez des cercles de 3 × 7 pouces dans la pâte feuilletée. Placer sur la viande. Appuyez pour sceller. Garniture. Placer les tartes sur un plateau chaud.

g) Cuire au four préchauffé pendant 20 à 25 minutes ou jusqu'à ce qu'il soit doré.

h) Pendant que les tartes cuisent, préparez la sauce aux petits pois.

i) Lavez les petits pois réhydratés pour les débarrasser de toute saleté et mettez-les dans une casserole avec une cuillère à café de bicarbonate de soude et le bouillon de bœuf.

j) Porter à ébullition et cuire jusqu'à ce que les pois soient très tendres.

k) Écrasez ou réduisez en purée les pois et le mélange de bouillon jusqu'à obtenir la consistance d'une soupe épaisse.

l) Verser la sauce aux pois dans une assiette de service et déposer une tarte chaude dessus.

m) Donne quatre tartes.

99. Tarte au steak et à l'oignon

INGRÉDIENTS:

- 2 cuillères à soupe d'huile d'olive
- 2 x 600 g de joues de bœuf, parées des tendons
- 1 gros oignon, coupé en quartiers
- 2 gousses d'ail, écrasées
- 125 ml de vin rouge
- 1 litre de bouillon de bœuf
- 2 brins de romarin
- 1 paquet de 320 g (1 feuille) de pâte feuilletée du commerce
- 1 petite noix de beurre
- sel et poivre noir fraîchement moulu
- 1 branche de céleri, coupée en petits dés, pour garnir
- feuilles de céleri, pour garnir
- feuilles de capucine, pour garnir

POUR LA RELISH À LA TOMATE DOUCE

- 250 g de tomates mûres
- ½ oignon rouge, finement coupé
- 1 cuillère à café d'huile d'olive
- 1 gousse d'ail, hachée finement
- flocons de piment séchés
- ½ cuillère à café de concentré ou de purée de tomates
- 1 cuillère à soupe de cassonade
- 1 cuillère à soupe de vinaigre de vin rouge

POUR LES OIGNONS FUMÉS

- 1 cuillère à café d'huile d'olive
- 4 échalotes, coupées en deux dans le sens de la longueur
- 125 ml de vinaigre de cidre de pomme
- 1 cuillère à soupe de sucre en poudre

INSTRUCTIONS:

a) Pour la relish sucrée aux tomates, coupez une croix peu profonde au fond de chaque tomate à l'aide d'un petit couteau. Placer les tomates dans un grand bol, couvrir d'eau bouillante et laisser reposer 30 secondes, puis transférer immédiatement les tomates dans un bol d'eau glacée. Épluchez les tomates et réservez. Coupez les tomates refroidies en quartiers, retirez et jetez les membranes internes et les graines, puis coupez la chair en petits morceaux.

b) Pendant que les tomates refroidissent, placez une casserole de taille moyenne sur feu moyen. Ajouter l'oignon et l'huile d'olive et cuire 4 à 6 minutes jusqu'à ce qu'ils soient tendres mais non colorés . Ajouter l'ail et les flocons de piment et cuire encore une minute. Ajoutez le concentré ou la purée de tomates et remuez pendant 2 minutes, puis ajoutez le sucre et le vinaigre. Ajoutez les tomates dans la casserole et remuez bien le mélange. Portez à ébullition puis réduisez le feu à moyen-doux. Cuire pendant 8 à 10 minutes, en remuant de temps en temps, jusqu'à ce que le mélange soit épais et gluant. Assaisonner de sel et de poivre et laisser refroidir légèrement.

c) Une fois refroidi, mixez le mélange avec un mixeur plongeant ou transférez-le dans un mixeur et pulsez pour former une pâte lisse. Retirer et réserver jusqu'au moment de servir.

d) Pour faire les oignons fumés, mettez l'huile d'olive dans une petite poêle à feu moyen-vif et assaisonnez l'huile avec du sel. Placez les oignons, côté coupé vers le bas, en une couche uniforme autour de la poêle.

e) Cuire pendant 4 à 6 minutes ou jusqu'à ce qu'il soit légèrement carbonisé, puis réduire le feu à doux et ajouter le vinaigre et le sucre. Couvrir et laisser cuire à feu doux encore 5 minutes, puis éteindre le feu et laisser refroidir les oignons dans le liquide. Réserver jusqu'au moment de servir.

100. Feuilletés au jambon et au fromage

INGRÉDIENTS:
- 1 feuille de pâte feuilletée, décongelée
- 1/2 tasse de jambon coupé en dés
- 1/2 tasse de fromage cheddar râpé
- 1 œuf battu

INSTRUCTIONS:
a) Préchauffer le four à 400°F (200°C).
b) Sur une surface légèrement farinée, étalez la pâte feuilletée sur environ 1/4 de pouce d'épaisseur.
c) Coupez la pâte feuilletée en 9 carrés égaux.
d) Dans un bol, mélangez les dés de jambon et le cheddar râpé.
e) Verser environ 1 cuillère à soupe du mélange jambon-fromage sur chaque carré de pâte feuilletée.
f) Repliez les coins de la pâte feuilletée vers le haut et sur la garniture, en pressant les bords ensemble pour sceller.
g) Badigeonner chaque pâte feuilletée d'oeuf battu.
h) Cuire au four pendant 15 à 20 minutes jusqu'à ce qu'ils soient dorés.
i) Servir chaud.

CONCLUSION

Alors que nous concluons notre odyssée culinaire à travers "L'art gastronomique de Wellington et En Croûte ", nous espérons que vous avez éprouvé le plaisir de créer et de savourer d'élégants plats emballés qui transcendent l'ordinaire. Chaque recette de ces pages est un témoignage de la fusion de l'art culinaire et du plaisir gastronomique, où des couches de pâte feuilletée enveloppent de délicieuses garnitures. , créant une symphonie de saveurs.

Que vous ayez apprécié l'élégance classique du bœuf Wellington, exploré les variantes innovantes des options végétariennes ou créé vos propres variations uniques, nous sommes convaincus que ces 100 recettes ont enrichi votre répertoire culinaire. Au-delà de la cuisine, que l'art de Wellington et En Croûte devient une source d'inspiration, transformant vos repas en spectacles culinaires qui ravissent les sens.

Alors que vous continuez à explorer les possibilités gastronomiques de votre cuisine, que l'esprit de l'emballage artistique persiste dans vos efforts culinaires. Place à la joie de créer et de savourer des plats élégants, où chaque bouchée est une célébration du savoir-faire gastronomique que l'on retrouve dans "L'art gastronomique de Wellington et En Croûte ." Bravo pour élever votre expérience culinaire vers de nouveaux sommets !